NINA RUGE
STEPHAN HENTSCHEL

DER VERJÜNGUNGS-PLAN

Die Experten-Hitliste der 100 gehaltvollsten Gemüse für ein langes Leben

NINA RUGE
STEPHAN HENTSCHEL

DER VERJÜNGUNGS-PLAN

Die Experten-Hitliste der 100 gehaltvollsten Gemüse
für ein langes Leben

Inhalt

4 Vorwort

Theorie

10 Welche Ernährung hält uns jung?

11 Weniger essen ist mehr

12 Was gar nicht geht

14 Wovon denn nun wie viel?

15 Nichts geht über Gemüse

18 Wie kann die Ernährungsumstellung gelingen?

19 Das limbische System – das gefräßige Ungeheuer

21 Die innere Umprogrammierung

29 Eine neue Ernährung, ein neues Leben

32 Wie organisiere ich mich?

34 Welches Gemüse ist denn jetzt das wertvollste?

41 Die Gemüse-Hitliste für ein langes Leben

44 Die Verjüngungs-Hitlisten

Rezepte

53 Salate & Vorspeisen

87 Suppen & Eintöpfe

107 Hauptgerichte

149 Beilagen

167 Snacks, Süßes & Getränke

182 Grundrezepte

Zum Nachschlagen

184 Quellen

189 Sachregister

290 Rezeptregister

222 Über die Autoren

224 Impressum

Vorwort

Die magischen 80 Prozent: Für jeden, der sich für »Longevity-Ernährung« interessiert, ist diese Zahl zum Fixpunkt des Alltags geworden. »80 Prozent gemüsebasierte Küche« empfehlen Zellbiologen, die von der Biologie des Alterns etwas verstehen – und sie ernähren sich meist selbst so. Denn Longevity-Ernährung ist nicht nur eine Küche, sondern die schillernde Welt eines Lebensstils, der unsere Chancen erhöht, deutlich fitter durchs Leben zu gehen, als es unserem biologischen Alter zugeschrieben wird. Will heißen: Eine 40-Jährige kann damit körperlich und geistig fitter sein, als es Gleichaltrige im Durchschnitt sind. Für 30-Jährige kann das genauso gelten. Für 70-Jährige auch. Es ist nie zu früh und nie zu spät für Longevity-Ernährung!

Die »Healthy-Longevity«-Forschung explodiert derzeit geradezu. Nahrungsergänzungsmittel, Medikamente, Stammzellen- und Gentherapien, Blutplasmawäsche, Mikrobiomtransplantation, Mitochondrien aus Bioreaktoren: In meinem nächsten Buch werde ich Sie einladen auf eine Reise durch diese fantastischen neuen Zukunftstherapien, die tatsächlich das Zeug zur Verjüngung haben. In diesem Buch hier allerdings möchte ich Lust machen auf das, was HEUTE der wichtigste Hebel für jeden für uns sein kann, um dem schleichenden Verlust an Zellfitness ein Schnippchen zu schlagen: unsere Ernährung. Womit wir wieder bei den magischen 80 Prozent sind.

Gemüse, Gemüse, Gemüse lautet die Formel, die ich Ihnen mehr als schmackhaft machen möchte – gemeinsam mit Stephan Hentschel, dem genialen vegetarischen Sternekoch, mit Professor Gunter Eckert, dem Lebensmittelchemiker und Experten für die enorme Wirkstoffvielfalt von Gemüsen, Obst, Nüssen und Pilzen an der Uni Gießen, und mit Professor Christoph Klotter, dem Ernährungspsychologen, der uns anhand jahrzehntelanger Erfahrung mit dem Essverhalten seiner Patienten zeigt, wie wir unsere Ernährung in Richtung dauerhafte Gesundheit umstellen können.

Wir wollen in diesem Buch den Hochleistern unter den Gemüsen, den Nahrungsboostern für unsere Zellfitness, genauer auf die Spur kommen, und es ist eine unendlich vielfältige, komplexe, faszinierende Welt, die sich uns öffnet, den jüngsten Erkenntnissen der Biochemie sei Dank. Denn jedes Gemüse enthält seinen eigenen,

individuellen Cocktail an Gesundheitswirkstoffen. Je nach Ort des Wachstums, der individuellen Beschattung, der Feuchtigkeit, der Temperaturen, der Nährstoffdichte im Boden, je nach Attacken durch Viren, Bakterien, Pilze oder Fraßfeinde, je nach Färbung wird die Gemüsepflanze ihren ganz eigenen Familiencocktail an Inhaltsstoffen produzieren. Immer so, wie sie's halt braucht.
Dazu kommt, dass sich dieser Cocktail je nach Gemüse aus den verschiedensten Wirkstoffklassen zusammensetzt. Da ist die Palette an Vitaminen, die Vielzahl an Mineral- und Ballaststoffen, da sind die verschiedensten Kohlenhydrate, die Aminosäuren, die Fettsäuren – und da ist die gigantische Armada der sekundären Pflanzenstoffe.
All dem ist Professor Eckert seit vielen Jahren auf der Spur. Besonders die sekundären Pflanzenstoffe sind in den Fokus der Wissenschaft gerückt. Die Analysemethoden sind heute so raffiniert geworden, dass wir diese Vitalstoffe überhaupt erst wertschätzen lernen. Rund 10 000 von ihnen wurden bisher in Gemüsen, Obst, Pilzen, Samen, Nüssen entdeckt. Doch ein Schelm, wer behauptet, sie alle bis ins Letzte identifizieren zu können. Professor Eckert allerdings kann durchaus seriös abschätzen, welche Longevity-Wirkstoffe Bedeutung haben für unsere Gesundheit, in welcher Kombination sie in den einzelnen pflanzlichen Lebensmitteln stecken und in welchen Mengen sie wo in etwa enthalten sind. Und so kam ich auf die Idee, gemeinsam mit ihm die ulitmative Longevity-Hitliste der Gemüse zu entwickeln. Wir realisierten allerdings recht bald: Das dürfte eine mehr als anspruchsvolle Aufgabe werden, ein wissenschaftlicher Marathon.
Als die Liste dann vorlag – danke, danke, danke, Professor Eckert! –, hat Stephan Hentschel und mich prompt kulinarische Goldgräberstimmung erfasst. Aus den Stars der nachweislich inhaltsreichsten, wertvollsten Gemüse die schmackhaftesten Rezepte kreieren, die uns aufs Köstlichste jung erhalten: Das ist Küche mit tiefem Sinn!
Mit unserer erfahrenen Lektorin Sylvie Hinderberger an seiner Seite hat Stephan nicht nur den Stars unserer Gemüse-Hitliste auf innovative Weise ganz neues geschmackliches Potenzial entlocken können, er hat auch die Spitzenreiter unter den Hülsenfrüchten, Früchten, Nüssen, Samen und Pilzen sensibel in seine Rezepte integriert. Herausgekommen ist ein kleines kulinarisches Feuerwerk, das wegen seiner Alltagstauglichkeit sehr einfach in jeder Küche gezündet werden kann.

Essen Sie sich jung – mit den Stars der Longevity-Gemüse!

Nina Ruge

» Freuen Sie sich auf 70 leckere Jungbrunnenrezepte aus den ultimativ zellstärkenden Gemüsen und lassen Sie sich von Professor Klotter anleiten, wie eine schmackhafte Gemüseküche zum Lebensbegleiter werden kann. «

Theorie

»Iss dich jung!« Das ist keine plumpe Phrase, sondern eine auf drei Worte konzentrierte Erkenntnis der Wissenschaft. Täglich veröffentlichen Molekularbiologen, Genetiker, Alternsforscher neue Studien dazu. Den aktuellen Forschungsstand möchte ich nun so kompakt zusammenfassen, dass am Ende niemand mehr Zweifel hat, was man essen sollte – und in welchen Mengen, um etliche Jahre gesunden Lebens zusätzlich »rauszuholen«.

Welche Ernährung hält uns jung?

Die aktuelle Hochbetagtenstatistik liefert uns spannende Zahlen darüber, wie viele über Hundertjährige 2021 in Deutschland lebten: Mehr als 23 500 Menschen waren das, 12,8 Prozent mehr als im Jahr davor. Wow, denken wir, da haben wir vielleicht auch eine Chance? Dummerweise sagt diese Zahl aber nichts über den Gesundheitszustand der Hochbetagten aus. Dabei interessiert uns gerade der besonders. Denn unser Ziel, das Ziel der »Longevity-Lebensführung«, ist: Wir wollen GESUND über 100 werden![1]
Die norwegische Tromsø-Studie zeigt uns da schon besser, was ein gesunder Lebensstil für uns »rausholen« kann. Aus dieser epidemiologischen Studie, in der Mittvierziger bis zu ihrem 85. Lebensjahr beobachtet wurden, lernen wir: Menschen, die in ihren Vierzigern u. a. täglich rauchten, körperlich faul waren und Übergewicht hatten, hatten leider nur eine Chance von 28 Prozent, 85 zu werden. Bei sportlichen Nichtrauchern mit Normalgewicht lag die Chance dagegen bei 67 Prozent – also mehr als doppelt so hoch.[2]
Sie merken: Ich möchte Sie mit hochattraktiven Prozentzahlen motivieren, Ihre Ernährung umzustellen – und zwar auf Dauer! Und deswegen habe ich gleich noch ein paar attraktive Langlebigkeitsdaten mehr: Eine gigantische Studie gibt uns Hinweise – noch keine Beweise –, um wie viele Jahre wir unser Leben durch eine gesunde Ernährung verlängern könnten. Eine 20-jährige Frau etwa kann durch eine »optimierte Ernährung« (wie diese aussieht, werde ich im Anschluss noch genau beschreiben) ihre Lebenserwartung um knapp elf Jahre erhöhen, ein Mann gleichen Alters sogar um 13 Jahre. Und, Achtung, jetzt kommt's: Auch wer erst mit 60 damit beginnt, kann als Frau immer noch rund acht Jahre »rausholen« und als Mann knapp neun.[3] Allerdings: Ob es sich dabei um gesunde Jahre handelt, gibt auch diese Studie nicht preis. Immerhin: Der Fortschritt in der Medizin ist so gewaltig, dass sich viele der Alterskrankheiten, die wir uns mit einem ungesunden Lebensstil selbst zufügen, dann doch noch einigermaßen behandeln lassen. Wobei das optimistischer klingt, als es tatsächlich ist. Denn für die letzten Jahrzehnten des Lebens bedeutet es oftmals in aller Härte: Siechtum in Krankheit und Pflege. Wollen wir das? Rhetorische Frage.

Nebenbei: In den USA sinkt derzeit die durchschnittliche Lebenserwartung, weil besonders die Babyboomer (also die zwischen 1948 und 1965 Geborenen) immer mehr Alterskrankheiten gleichzeitig entwickeln (Multimorbidität). Sie haben also zum Beispiel Herzerkrankung UND Diabetes UND Arthritis UND Demenz. Eine der schwerwiegenden Ursachen hierfür dürfte die zunehmende Fettleibigkeit sein.[4]
Habe ich Sie motiviert, Ihre Ernährung nachhaltig umzustellen? Dann blättere ich jetzt einfach all das vor Ihnen auf, was eine ideale Langlebigkeitsernährung enthalten sollte – und vor allem was nicht.

Weniger essen ist mehr!

Von der YALE-University gibt es eine wirklich gute Nachricht: 200 Studienteilnehmer wurden angehalten, zwei Jahre lang 14 Prozent weniger zu essen. Minus 14 Prozent, das ist nun wirklich keine Nulldiät. Der Effekt lässt sich trotzdem sehen. Die Forscher schauten sich dazu die Thymusdrüse der Versuchsteilnehmer sehr genau an. Diese programmiert die wichtigen T-Zellen unseres Immunsystems. Allerdings verfettet die Thymusdrüse nach der Pubertät langsam, aber sicher, weswegen sie um das 40. Lebensjahr herum zu 70 Prozent nur noch aus Fett besteht und dementsprechend nur noch lausig arbeitet. Unser Immunsystem beginnt zu schwächeln. Doch siehe da: Nach zwei Jahren moderater Kalorienreduktion hatten sich die Thymusdrüsen der Studienteilnehmer wieder erholt. Weniger Fettzellen, mehr wichtige T-Zellen. Und in Mausversuchen konnte man nachweisen, dass das zu unzähligen positiven Stoffwechselveränderungen führt. Ganz wichtig: weniger Entzündungen im Körper – und das heißt: längeres gesundes Leben![5]
Dann ist da noch die Sache mit dem Intervallfasten, zu dem es Studien gibt wie Sand am Meer. Valter Longo, einer der renommiertesten Alternsforscher, Direktor des Longevity Institute an der University of Southern California, fasst die Datenlage allerdings nüchtern zusammen: »Die Daten unterstützen ein 12-Stunden-Fasten – und 16 Stunden können in einigen Fällen effektiv sein. Aber kann ich es wirklich einem gesunden 36-Jährigen empfehlen? Wahrscheinlich nicht.«[6] Aha! Ich selbst praktiziere das 16-Stunden-Fasten seit zwei Jahren, lasse das Frühstück weg – und mache gute Erfahrungen damit. Vielleicht, weil ich 66 bin. Dinnercancelling brächte zwar mehr Langlebigkeitseffekt.[7] Aber das wäre mir zu ungemütlich.
Wann also essen? Schauen wir auf die jüngsten Studien an Mäusen. Klar, Mäuse sind keine Menschen. Doch in Sachen Fasten und Kalorienreduktion lassen sich an ihnen ein paar grundsätzliche Effekte nachweisen – und das seit Jahrzehnten. Ganz neu ist das

Nur zwei Mahlzeiten täglich bedeutet nicht automatisch, dass man den Rest des Tages Hunger hat. Wer vollwertig isst und viel Gemüse, bleibt nämlich länger satt.

hier: Gibt man Mäusen 30 Prozent weniger zu essen, als sie fressen wollten – und das nur dann, wenn sie aktiv sind, nämlich die 12 Stunden in der Nacht, dann leben sie über ein Drittel länger als ihre normal futternden Genossen. Besonders spannend: 50 Prozent der altersbedingten Veränderungen ihrer Genaktivität wurde rückgängig gemacht. Das heißt: echte Verjüngung![8] Also, ich sage mir: Ich warte nicht, bis das am Menschen eindeutig nachgewiesen ist. Ich esse etwas weniger, als ich Hunger habe, lasse das Frühstück weg und esse natürlich nicht spätabends oder nachts. Dafür gönne ich mir aber nur das Feinste für meine Zellen. Dazu komme ich gleich.

Was gar nicht geht

Doch Fasten hin, Kalorienbeschränken her, erst die große Kunst des Weglassens ist es, die unsere Zellen ungestört auf dem Parcours der Zellfitness trainieren lässt. Hier sind die BIG FOUR, die möglichst draußen bleiben sollten:

> Die vier größten Feinde der Zellfitness:
> 1. Zucker, genauer gesagt, die »kurzen« Einfach- und Zweifachzucker unter den Kohlehydraten
> 2. Wurst und rotes Fleisch
> 3. Ultrahochverarbeitete Lebensmittel und vegane Ersatzprodukte
> 4. Alkohol

Alkohol

Beginnen wir mit dem Alkohol. Er ist ein Zellgift, das besonders die Leber schädigt, die an seiner Beseitigung arbeitet. Aber auch die Gehirnzellen haben auf Dauer alles andere als Freude an ihm. Ja, im Rotwein finden wir mehr oder weniger Resveratrol, ein pflanzlicher Wirkstoff, dem ein verjüngender Effekt zugeschrieben wird. Allerdings kann Rotwein als Jungbrunnen erst mit einer Menge wirken, die in zwölf Flaschen steckt.

Eine aktuelle Studie erschreckt uns dagegen mit der Erkenntnis, dass Alkohol die Telomere verkürzt, also die Schutzkappen an den Enden unserer Chromosomen. Und deren »Kürze« bestimmt mit, wie »kurz« wir leben. Die Verkürzung beginnt nachweislich ab einem Alkoholkonsum von knapp einer Flasche Wein pro Woche. Rechnen Sie also bitte mal nach, was da wirklich bei Ihnen zusammenkommt. Ein halber Liter pro Woche scheint keinerlei Probleme zu machen, bei mehr als zwei Flaschen pro Woche ist die Sache mit der Telomerverkürzung deutlich zu erkennen.[9] Die Schädigung der Leber- und der Gehirnzellen ist hier noch gar nicht eingerechnet.

Ultrahochverarbeitete Lebensmittel

Das nächste No-Go: ultrahochverarbeitete Lebensmittel. Mittlerweile gilt jedes zweite Produkt aus dem Lebensmittelhandel als »UPF«, als »ultra processed food«. In Deutschland, Großbritannien, Kanada und den USA machen solche Lebensmittel rund die Hälfte der Ernährung aus, mindestens.[10] Worum handelt es sich? Um Fertiggerichte aller Art, um Wurstwaren, Softdrinks, Fruchtjoghurts, industriell hergestelltes Brot, Kekse, Kuchen … Wer tiefer einsteigen möchte, googelt bitte den NOVA-Score. Da findet man eine gute Übersicht der UPF-Produkte. Und man stutzt: Wie viele davon landen eigentlich in meinem Einkaufswagen?

Wieso aber verkürzen hochverarbeitete Produkte das Leben? Bis ins Letzte weiß man das noch nicht. Doch dass dem so ist, gilt als gesichert. UPF bestehen aus industriell verarbeiteten Grundbestandteilen natürlicher Lebensmittel, denen Zucker, Salz, Fette, Stabilisatoren, Farbstoffe und Geschmacksverstärker zugefügt werden. Es ist hier nicht der Raum, um die gesamte Palette der Studien dazu auszubreiten[11]. Klar ist aber: Wer rund die Hälfte seiner Nahrung »ultrahochverarbeitet« zu sich nimmt, lädt sehr freundlich etliche Alterskrankheiten zu sich ein: Herz-Kreislauf-Erkrankungen, Diabetes, Übergewicht bis hin zur Adipositas, Krebs – verkürztes Leben eben. Ich empfehle den ernüchternden Artikel von Dr. Angela Bechthold auf der Webseite der Deutschen Gesellschaft für Ernährung: »UPFs – Hochverarbeitete Lebensmittel. Ihre Rolle für die menschliche und planetare Gesundheit«.[12]

Veganer Fleischersatz

Damit pflanzliche Zutaten schmecken wie Fisch, Fleisch oder Geflügel, braucht es einen ganz ähnlichen Verarbeitungsprozess: ultrahoch nämlich! Zusatzstoffe, Konservierungsmittel, Stabilisatoren, Farbstoffe und Aromen – und deren gesundheitlicher Effekt ist eindeutig negativ.[13] Allerdings kam eine Studie der Albert-Schweitzer-Stiftung zu dem Schluss: Insgesamt seien die veganen Ersatzprodukte weniger fett, enthielten weniger gesättigte Fettsäuren und ordentliche pflanzliche Proteine, seien also immer noch besser als rotes Fleisch.[16]

Rotes Fleisch und Wurstwaren

Mit rotem Fleisch und Wurstwaren brauchen wir uns eigentlich gar nicht weiter zu beschäftigen, denn hier ist die Sachlage klar. Die Weltgesundheitsorganisation WHO hat 2015 unverarbeitetes rotes Fleisch (Rind, Schwein, Schaf, Pferd, Ziege) als »wahrscheinlich krebserregend« eingestuft. Allerdings geht es hier um einen »hohen Konsum«. Der ist in den westlichen Industrieländern allerdings tatsächlich hoch. In den USA und Australien werden pro Jahr durchschnittlich 100 Kilogramm pro Kopf vertilgt, in Europa 80 Kilogramm pro Kopf, bei uns in Deutschland 60 Kilogramm. Die DGE dagegen empfiehlt maximal 600 Gramm rotes Fleisch pro Woche. Ein deutscher Mann isst im Durchschnitt doppelt so viel: 1200 Gramm.[14] Aber auch 600 Gramm pro Woche halte ich für mutig. Walter Willet, Professor für Epidemiologie und Ernährung an der Harvard T. H. Chan School of Public Health in Boston, sieht ganz klar nicht nur die Gefahr von Darm- und Brustkrebs für Menschen, die so viel rotes Fleisch essen, sondern auch ein erhöhtes Risiko für Diabetes, Herz-Kreislauf- und Nierenerkrankungen.[15] Und Willet ist da nicht der Einzige.

Was aber noch schwerer wiegt: Verarbeitetes rotes Fleisch, also alles zwischen Salami und Grillwürstchen, wurde von der Internationalen Krebsforschungsagentur der WHO mit dem Warnschild »krebserregend« etikettiert. Noch Fragen?

Dann essen wir halt weißes Fleisch, also Hähnchen, Pute und sämtliche andere Geflügelarten, denken viele jetzt womöglich.

Und tatsächlich steht dieses nicht unter dem Verdacht, beispielsweise Darmkrebs auszulösen. Doch jüngere Studien zeigen: Weißes Fleisch enthält genauso viele gesättigte Fettsäuren wie rotes und erhöht genauso das »böse« LDL-Cholesterin.[17] Herz-Kreislauf-Erkrankungen fördert es also ebenso.

Zucker

Kommen wir zum letzten No-Go, dem Zucker – und räumen wir gleich mal mit dem uralten Märchen auf, dass Kohlenhydrate unbedingt zu meiden und durch Proteine zu ersetzen seien, denn das hielte schlank und jung. Das stimmt nämlich so nicht. Im Gegenteil! Wir essen heutzutage viel zu viel Protein. Dazu gleich noch mehr.

Was uns an Kohlenhydraten tatsächlich schadet, sind die »kurzen« Zucker, also Einfach- und Zweifachzucker wie Glukose (Traubenzucker), Fruktose (Fruchtzucker) und Saccharose (Rohrzucker). Kuchen, Desserts, Süßgetränke, Eis, Weißbrot, süßes Obst, Fertigpizza und, und, und enthalten viel zu viel von diesen Zuckern. Also weglassen! Wieso? Weil sie auf Dauer anfällig machen für Diabetes Typ 2, Fettleibigkeit und Krebs. Außerdem aktivieren sie Gene, die anderen Alterskrankheiten wie Demenz und Arthrose die Tür öffnen. Also massiv reduzieren!

> »Kein weißes, kein rotes Fleisch, dafür Fisch? Ein bis zwei Portionen pro Woche seien zu empfehlen, sagt die DGE. Vor allem fettreicher Fisch wie Lachs und Makrele enthalten hohe Mengen an Omega-3-Fettsäuren, die das »gute« Cholesterin erhöhen und Herz und Kreislauf schützen.[18] Letztendlich muss hier jeder für sich selbst entscheiden. Ich möchte auf keinen Fall, dass ein Tier meist lebenslang leiden und dann grausam sterben muss, damit ich mich an seinem Geschmack labe, wenn ich mich noch dazu viel gesünder pflanzlich ernähren kann. Also meide ich auch Fisch. Fürs gesunde Älterwerden müsste man allerdings auf ihn nicht verzichten.«

Wovon denn nun wie viel?

Womit wir bei den komplexen Kohlenhydraten wären, bei den langkettigen. Valter Longo empfiehlt, dass 45 bis 60 Prozent unserer Nahrung aus ihnen bestehen sollte. Also von wegen »Keine Kohlenhydrate am Abend« oder »Kohlenhydrate durch Proteine ersetzen«. Bloß nicht![19]

Voraussetzung ist natürlich, dass man weiß, wo man komplexe Kohlenhydrate – und damit wertvollste Ballaststoffe – in großen Mengen findet. Ganz einfach: in Gemüse, Gemüse, Gemüse! Kichererbsen, Bohnen, Linsen! Auch Vollkornprodukte und Nüsse stehen auf dem Plan. Sämtliche Fleisch- und Milchprodukte, ultrahochverarbeitete Lebensmittel? Fehlanzeige! Darin ist nichts davon. Und wie war das jetzt mit dem vielen Eiweiß? Können wir heute tatsächlich mit großer Wahrscheinlichkeit davon ausgehen, dass eine proteinreiche Ernährung das Krebsrisiko massiv erhöht? Jawohl! Und was heißt »proteinreich«? Es heißt: Mehr als 20 (Kalorien-)Prozent der täglichen Nahrung bestehen aus – vorwiegend tierischem – Eiweiß. Und diese Menge kommt schnell zusammen, vor allem, weil viele noch zusätzlich zu Proteinpulver und Eiweißshakes greifen. Eine Langzeitstudie über fast 20 Jahre mit über 6300 Teilnehmern (Valter Longo war Studienleiter) ergab: Menschen mittleren Alters, die mehr als ein Fünftel ihrer Nahrung in Form von tierischem Protein zu sich nahmen, erhöhten ihr Risiko, an Krebs zu sterben, um das Vierfache. Dass dies für über 65-Jährige nicht galt, bestätigte die Hinweise, dass ältere Menschen mehr Eiweiß brauchen. Übrigens: Pflanzliches Eiweiß zeigte diesen krebsfördernden Effekt nicht.[20]

Wovon also wie viel essen, wenn wir gesund älter werden wollen? Einfache Rechenaufgabe! 45 bis 60 Prozent komplexe Kohlenhydrate, vor allem aus Gemüse. Rund 10 bis allerhöchstens 20 Prozent Protein, vor allem aus Gemüsen. Und der Rest »gute« Fette! Woher wohl? Genau: möglichst aus Pflanzen, 25 bis 30 Prozent. So viel Olivenöl, Leinöl, Rapsöl, Nüsse? Kein Problem! Denn die Prozentangaben beziehen sich auf unsere tägliche Kalorienaufnahme. 60 Prozent der Kalorien aus Gemüsen und Vollkorn – das ist auf dem Teller richtig viel. So um die 600 Gramm kommen da täglich zusammen. Pflanzliche Öle dagegen sind so hochkalorisch, dass jeweils ein ordentlicher Schuss zum Gemüse oder Salat reicht, um auf die knapp 30 Prozent der Kalorien zu kommen. Die schlechten« Fette, die über erhöhte Blutfettwerte Herzerkrankungen einladen, sollte man meiden: Butter, Schmalz, auch Käse, dazu Kokosöl, Palmöl. Gehärtete Fette wie Margarine und Frittierfett gehören auch dazu. Omega-3-Fettsäuren hingegen tun gut. Am schönsten finde ich Leinöl mit langkettigem Omega-3 aus Algen. Lachs und Makrele enthalten diese Fettsäuren auch.

> Es sieht sehr danach aus, dass tierisches Eiweiß bestimmte Signalwege in unseren Zellen »hochregelt«, die unsere Zellfitness so schwächen, dass sich Alterskrankheiten breitmachen können. Von bestimmten Aminosäuren, den berühmten BCAA – die »verzweigtkettigen Aminosäuren« Leucin, Isoleucin und Valin –, weiß man heute genauer, wie sie das Diabetesrisiko erhöhen können. Das Gute aber ist: Alle drei sind essenziell, wir stellen sie also nicht selbst im Körper her, sondern müssen sie mit der Nahrung zu uns nehmen – und können sie damit ein bisschen steuern. Und siehe da: Vegetarische und vegane Ernährung liefert relativ wenig BCAAs.

Nichts geht über Gemüse

Wesentlich für den Langlebigkeitseffekt der Gemüse sind neben den Ballaststoffen ihr gigantischer Cocktail an fantastischen Wirkstoffen, den sekundären Pflanzenstoffen. Die stecken zwar auch in Obst, allerdings in geringeren Mengen. Und tierische Lebensmittel enthalten null davon.

Die meisten der sekundären Pflanzenstoffe gehören zur Stoffklasse der Polyphenole. Pflanzen produzieren sie vor allem dann, wenn sie unter leichtem Stress stehen: hohe und niedrige Temperaturen, Wassermangel, Nährstoffmangel, Fressfeinde, Bakterien- oder Pilzbefall. Es handelt sich also besonders um Schutzstoffe, die immer dann in besonders großen Mengen produziert werden, wenn es für die Pflanze ungemütlich wird.

Was ist es nun, das diese pflanzlichen Schutzstoffe für uns so wertvoll macht? Der Superstar unter den Alternsforschern David Sinclair hat einen schönen Fachbegriff geprägt: Xenohormesis.[21] »Xeno« heißt »fremd« und »hormesis« bedeutet so viel wie »Die Dosis macht das Gift«. Sprich: Unter geringem Stress produzieren die uns »fremden« Pflanzen gute Dinge. Sinclars Vermutung: Wenn

Pflanzen stressbedingt Schutzstoffe produzieren, dann könnten sie Warnsignale für den tierischen Körper sein: Achtung! Notlage naht! Vorausgesetzt natürlich, das Tier frisst die Pflanzen. Ob die Evolution so ein Warnsystem tatsächlich eingerichtet hat, wissen wir heute noch nicht. Doch die Sache mit der »guten« Wirkung der »fremden« Pflanzen für uns stimmt.

Unter den rund 100 000 sekundären Pflanzenstoffen sind auch sehr viele giftige. Doch rund 8000 sind für uns richtig interessant. Manche von ihnen wirken entzündungshemmend, andere erhöhen die DNA-Reparatur in unseren Zellkernen, wieder andere fördern die Zellreinigung und das Müllrecycling (Autophagie) oder helfen bei der Beseitigung geschädigter Zellen (Apoptose). Will heißen: Etlichen Polyphenolen wurde eine vorbeugende Wirkung gegen Krebs, Herz-Kreislauf-Erkrankungen, Diabetes, Demenz, Arthritis, Schlaganfall, Adipositas etc. nachgewiesen oder zumindest wird ihnen diese Wirkung mit einiger Wahrscheinlichkeit zugeschrieben.[22] Die genauen Wirkmechanismen, die die verschiedenen Polyphenole aktivieren, sind sehr unterschiedlich und oft noch nicht bis ins Letzte geklärt.

Zweierlei ist aber klar: Wer viel Gemüse isst, der isst auch viele wertvolle Polyphenolvarianten. Das ist schon mal richtig gut. Von diesen vielen verschiedenen Polyphenolen sind jeweils Hunderte in einem Gemüse kombiniert, und solche Phytokomplexe wirken wahrscheinlich sehr viel stärker lebensverlängernd als Polyphenole, die man zum Beispiel für Nahrungsergänzungsmittel isoliert.

Neuere Studien zeigen uns:

- Je mehr Gemüse man isst, desto geringer ist die Wahrscheinlichkeit, geistig abzubauen.[23]
- Je mehr Polyphone ältere Menschen zu sich nehmen, desto besser arbeitet ihr Darmmikrobiom, die Besiedlung des Darms durch Bakterien, und schützt so vor dem »leaky gut«, dem »löchrigen Darm«, der giftige Substanzen ins Blut passieren und damit chronische Alterskrankheiten entstehen lässt.[24]
- Eine ganz neue Studie wies nach, dass Heidelbeerpolyphenole (Anthocyane) bei älteren Ratten Leberschäden verhinderten.[25]
- Und: Eine groß angelegte Studie in den USA erlaubt den Longevity-Fans Lust auf dunkle Schokolade: Ältere Menschen, die über mehr als drei Jahre verschiedene Kakaoextrakte (ohne Zucker) zu sich nahmen, starben deutlich weniger an Herz-Kreislauf-Erkrankungen. Raucher reagierten besonders positiv – und: Es trat 15 Prozent weniger Migräne auf.[26]

Das nur als ein kleiner Ausschnitt aus den unendlich vielen Studien zu positiven Longevity-Effekten der Gemüseküche. Grüner Tee gehört natürlich auch dazu!

» Biogemüse enthält meist deutlich mehr Polyphenole als Obst und Gemüse aus dem Gewächshaus, das eventuell mit Pestiziden behandelt worden ist. Der Grund dafür ist simpel: Wenn die Pflanzen von außen durch Pestizide geschützt werden, müssen sie selbst keine schützenden Stoffe mehr bilden. Das ist bei Bioobst und -gemüse anders. Daher gilt hier ganz klar: Bio ist besser. Außerdem produzieren Pflanzen schützende Polyphenole auch dann, wenn sie unter mildem Klimastress wie Wassermangel, Hitze, zu großer Feuchtigkeit, Kälte oder gewissem Nährstoffmangel stehen. Für Gewächshausgemüse gibt es diesen Stress nicht. «

Noch einmal alles auf einen Blick

Ich fasse noch einmal kurz die wichtigsten Hinweise für eine optimale Langlebigkeitsernährung zusammen:

- Essen Sie sich möglichst selten richtig satt. Lassen Sie immer noch »Platz« im Magen. Essen Sie einfach weniger, als Sie Hunger haben. Ein nur leicht gefüllter Magen ist ein idealer Lebensbegleiter.
- Freunden Sie sich mit dem Intervallfasten an. 12 bis 16 Stunden nichts essen, tut Ihrer Zellfitness enorm gut. Nachts, wenn unser Stoffwechsel im Night-Modus läuft, grundsätzlich nie essen. Und: Abends fasten ist effektiver als morgens. Mir allerdings fällt Frühstück-Weglassen um einiges leichter.
- Kein Snacking! Nichts essen zwischen den Mahlzeiten. Strategien gegen Hunger verrate ich Ihnen auf Seite 29 f.
- Auf Alkohol verzichten. Möglichst alkoholfreie Tage unter der Woche, möglichst nicht mehr als ein Glas Wein oder Bier pro Tag.
- Kein rotes Fleisch, keine Wurstwaren. Weißes Fleisch ebenfalls stark reduzieren. Fisch ist okay, wer das ethisch vertreten mag.
- Möglichst wenig UPF, ultra processed food. Also keine Tiefkühl-Fertiggerichte, Müsliriegel, abgepackte Kuchen und Kekse, Fruchtjoghurt und, und, und. Den Nutri-Score googeln für eine bessere Übersicht. Auch möglichst wenig veganer Fleischersatz. Ist leider ebenfalls ungünstig.
- Keine »kurzen« Zucker, also kein Dessert, kein Eis, keine Schokoriegel, kein Süßgebäck, keine Süßgetränke, kein Weißbrot, keine Eiernudeln, kein süßes Obst … Wobei das alles nur Beispiele sind, denn kurze Zucker stecken in so vielen Lebensmitteln.
- Kohlenhydrate sind jedoch wunderbar, wenn sie langkettig sind! So stecken sie in sämtlichen Gemüsen und Vollkornprodukten, auch in Nüssen. Vollkornprodukte und Nüsse in Maßen, Gemüse gerne richtig viel.
- Tierische Proteine stark einschränken – und gerne nur auf eine Mahlzeit pro Tag konzentriert. Pflanzliche Proteine sind zu jeder Mahlzeit wunderbar: Hülsenfrüchte, Nüsse, (fermentiertes) Soja, Avocado und viele mehr.
- Wenig tierische Fette, bitte. Dafür gerne Öle aus Pflanzen: Rapsöl, Leinöl, Nussöl, Olivenöl. Sonnenblumen-, Kokos- und Palmöl eher nicht.

» Information ist das eine, dieses Wissen auch in die Tat umzusetzen das andere. Daher geht es im nächsten Kapitel um die Stolperfallen, die unsere guten Ernährungsvorsätze immer wieder zunichtemachen – und wie sie sich überwinden lassen. «

Wie kann die Ernährungs-umstellung gelingen?

»Ich würde ja gerne, aber ich kann das nicht. Eine solche Ernährung ist ja auch lustfeindlich, ist Askese pur, vergällt einem die Lebensfreude!«: Wie oft habe ich das schon gehört, wenn ich von den neuesten Erkenntnissen über die ideale Longevity-Ernährung berichtet habe – und wenn Menschen in meinem Umfeld erlebten, wie ich mich selbst seit vielen Jahren ernähre. Auch Ernährungsberater seufzen. »Sein Essverhalten zu ändern, das ist so ziemlich das Anspruchsvollste, was Sie einem Menschen zumuten können. Die meisten schaffen das nicht auf Dauer«, sagen sie. Na, da habe ich mir ja was vorgenommen. Ich möchte Ihnen nämlich Wege aufzeigen, wie Sie Ihr Leben ändern können und Ihr Verhältnis zu sich selbst gleich mit.

Professor Christoph Klotter gibt sensible Anleitung zu einer sanften, konsequenten Umstellung unserer Ernährung in Richtung dauerhafter Gesundheit.

Dazu habe ich mir wieder einen Experten ins Boot geholt. Er ist Professor für Ernährungspsychologie an der Hochschule Fulda und zudem erfahrener Psychotherapeut: Christoph Klotter. Gleich seine erste Antwort in unserem langen Fachgespräch warf die spannende Frage auf: Wer von uns hat eigentlich gelernt, genau zu spüren, was seinem Körper, seiner Seele wirklich guttut – welche Nahrung, welche Getränke, wann und wie viel und wie oft am Tag?

Als ich ihn eingangs fragte, wie er selbst sich ernähre, kam überraschenderweise folgende Antwort: »Ich ernähre mich schon seit Ewigkeiten vegetarisch, denn Fleisch hat mir nie richtig geschmeckt. Ich fand es unglaublich langweilig. Fisch esse ich aus ökologischen Gründen schon lange nicht mehr. Und weil ich schon als Kind nichts Süßes mochte, bin ich heute auch zuckerabstinent. Außerdem esse ich tagsüber nur wenig – morgens und mittags. Zu Hause ist ab 18 Uhr der Computer aus, auch das Handy lege ich weg. Dann kochen wir – meine Familie und ich – gemeinsam, es läuft Musik, ich genieße ein Glas Wein und um 21 Uhr gehe ich ins Bett. Um fünf Uhr wecken mich dann die Kinder. Dazu brauche ich täglich mindestens eine Stunde Bewegung und den Vormittag über trinke ich literweise grünen Tee. Das ist meine Droge.«

Wahnsinn, dachte ich mir. Dieser Mann braucht offenbar keinerlei zellbiologische Forschung des Alterns. Er hat einfach schon früh eine hohe Sensibilität dafür entwickelt, was wirklich gut ist für

seine Zellfitness und so ganz intuitiv für sich selbst wesentliche Meilensteine gesunder Langlebigkeit gesetzt.
Kurz zur Erinnerung, was wir heute über Essen als Langlebigkeitsmedizin wissen:

- Kein Fleisch, kein Zucker. Keine ultrahochverarbeiteten Lebensmittel, wenig Alkohol, viel grüner Tee
- 80 Prozent Gemüse (besonders Hülsenfrüchte, Wurzelgemüse, Kohlgemüse, Bittergemüse, Kräuter, Sprossen, Nüsse, Pilze), große Sortenvielfalt, möglichst regional, auf jeden Fall bio, frisch und schonend zubereitet. Außerdem dunkle Beeren und volles Korn (Brot, Nudeln, Reis)
- Keine tierischen Fette, sondern Pflanzenöle
- Langsam essen, in entspannter Atmosphäre, nie das Völlegefühl erreichen, immer etwas Raum im Magen lassen
- Möglichst nur zweimal pro Tag essen – binnen acht Stunden – dazwischen keine Snacks
- Genügend erholsamer Schlaf, tägliche Bewegung, bewusste Atmung, Meditation bzw. Entspannungsphasen

Ein solcher Lebensstil verspricht etliche gesunde Lebensjahre im Plus – und Professor Klotter ist offensichtlich schon seit Jahrzehnten konsequent dorthin unterwegs. Weil er spürt: Dieses Leben tut ihm gut. Aber wieso haben andere das eigentlich nicht genauso drauf, seit Jahrzehnten? Warum tun sich so viele Menschen so schwer mit einer gesunden Ernährung? Oder anders gesagt: Wie wird man vom Pizza-Fleisch-Kuchen-Esser zum Gemüsefan?

Das limbische System – das gefräßige Ungeheuer

Beginnen wir mit dem Urviech, dem Urbegehren in uns. Es trägt den harmlosen Tarnnamen »limbisches System«. Doch in Wahrheit ist es der Teil unseres Gehirns, der uns gnadenlos im Griff hat. Es ist das limbische System, das uns Vorsätze nicht einhalten lässt und uns wie ferngesteuert zu Eiscreme und Schweinebraten dirigiert, obwohl wir uns fest vorgenommen hatten, genau die zu meiden. Professor Klotter sagt: »Das limbische System sorgt dafür, dass wir nicht Herr sind im eigenen Haus.« Es ist das Zentrum vieler Emotionen, es ist der »Trieb« in uns und bewertet in Millisekunden, was überlebenswichtig und damit lustvoll und was bedrohlich, also schlecht ist. Ungünstig nur, dass diese Steuerungseinheit unseres Unbewussten schon ein paar Millionen Jahre alt ist. Denn das Urviech in uns hatte es damals mit gänzlich anderen Herausforderungen zu tun.
Der wunderbare Autor Werner Tiki Küstenmacher hat das limbische System sehr hübsch umgetauft und nennt es »Limbi«[28]. Mir gefällt das, das nimmt ihm das Martialische. Doch zurück zu all

> »Sie sind überzeugt davon, dass Sie all Ihre Entscheidungen mit Wille und Verstand nüchtern treffen und Ihre Ratio Sie dorthin führt, wo Sie wollen? Tja, da denkst du, dass du denkst – und Limbi handelt. 80 bis 90 Prozent unserer Entscheidungen laufen unter seinem Geheimkommando. Wir denken, wir würden frei entscheiden, doch Limbis Verbündete sind die Emotion, das Unbewusste. Und beide steuern uns auf einer ganz anderen Ebene als unser nüchterner Verstand, viel tiefer, sehr stark – und meist unerkannt.«

dem, was Limbi da undercover in uns lenkt: 80 bis 90 Prozent unserer Entscheidungen laufen unter seinem Geheimkommando. Limbi ist der starke Arm der Evolution in uns, an nichts anderem interessiert, als im Überlebenskampf zu siegen. Alles, was wir tun und erleben, analysiert es blitzschnell und steuert uns, mit guten und mit schlechten Emotionen. Was Limbi in Sachen Essen von uns will? »Iss so viel, wie du nur kannst, am besten süß und fettig! Du weißt ja nie, wann du dir das nächste Mal den Bauch vollhauen kannst.« Limbi ist der uralte Trieb, der uns steuert.

Was Limbi natürlich nicht ahnen kann: Unsere Überflussgesellschaft führt seine Befehle ad absurdum. Professor Klotter: »In der Steinzeit mussten die Menschen ständig Hungerzeiten überbrücken. Und das konnten sie nur, wenn sie sich die Bäuche vollschlugen, sobald es etwas Nahrhaftes gab. Fett und Zucker sind nun einmal die besten Energiespender. Hätten unsere Vorfahren nach den heutigen Regeln der Deutschen Gesellschaft für Ernährung gelebt, wäre die Menschheit ausgestorben. Denn die ausgewogene Mischkost von heute ist ein Luxus und – zumindest historisch gesehen – nicht überlebenssichernd.«[29]

> »Das limbische System will uns also im tiefsten Inneren permanent Angst vor dem Verhungern machen. Hunger ist – laut Limbi – ein ganz schreckliches Gefühl, das darf man nicht haben. Deswegen werden Hormone ausgeschüttet und Signalwege aktiviert, die uns auf Proviant und Vorratskammer programmieren, Bauch- und Hüftspeck. Essen findet Limbi gut. Leider auch in Zeiten, in denen Essen permanent und im Überfluss vorhanden ist – so wie heute.«

Womit wir uns also hier herumschlagen werden, ist: Limbi kennt keinen Kontrollmechanismus. Limbi ist für eine Überflussgesellschaft wie die unsere nicht ausgelegt. Limbi hat Millionen Jahre auf dem Buckel. Unsere Aufgabe wird daher sein, Limbis Spiel zu erkennen – und ihm gezielt »Leckerli« zu verpassen, um unser Ziel der Selbstfürsorge mithilfe unseres Verstandes UND Limbi zu erreichen. Dazu noch einmal Professor Klotter: »Schon die Philosophen der griechischen Frühantike regten uns zu Askese an, nämlich zu üben, ein inniges Verhältnis zum eigenen Körper zu entwickeln, um ihn dann selbstbestimmt regulieren zu können. Freud nannte das ›Ich-Stärke‹, also die Fähigkeit, seine körperlichen Impulse steuern zu lernen (Ich-Stärke = psychische Gesundheit).« Darum wird es nun also gehen: das zu tun, was WIR wollen – und nicht das, was Limbi möchte. Allerdings gelingt das nur gemeinsam mit ihm, denn Limbi akzeptiert keine Verbote. »Das Verbot schafft das Begehren. Ich habe meinen 160 Studierenden das immer so erklärt: ›Es ist verboten, an die Decke zu schauen.‹. Und kaum wandte ich mich der Tafel zu, hingen 160 Augenpaare an der Decke, und sie freuten sich unheimlich«, erklärt mir Professor Klotter. Aha, wir sollten also besser einen Weg finden, unsere Ernährung zu ändern, ohne uns Verbote aufzuerlegen. Wie geht das denn? Schauen wir kurz noch einmal genauer auf Limbi, den Steuermann der Emotionen, die er konsequent nutzt. Negative Gefühle wie Ärger, Trauer, Einsamkeit oder Langeweile: Her mit der Schokolade, her mit den Chips! Denn Essen gehört zu Limbis Lieblingsbelohnungen, damit die Art nicht untergeht. Das geht schon ganz früh los. Professor Klotter: »Ein hungriges Baby schreit, ist überwältigt von negativen Gefühlen. Kaum nuckelt es Milch, breitet sich ein Wohlgefühl in ihm aus. Noch dazu ist Muttermilch süß.« Satt und süß ist eine perfekte Belohnung. Emotionales Essen besänftigt und tröstet. Bis zu 30 Prozent der Menschen essen, um negative Emotionen zu bewältigen. Stressesser gehören auch dazu. Sie essen, um anstrengende Situationen zu kompensieren. Physischer Hunger ist zu psychischem Hunger geworden.[30] Gewohnheiten, Verhaltensmuster wie diese graben sich tief ein, ja, sie führen auf Dauer zu neuen neurologischen Erregungsbahnen im Gehirn, die dann im Alltag automatisch, also unbewusst starten und unser Verhalten steuern.[31] Das Feierabendbier gehört genauso dazu wie der Griff in die Pralinenschachtel, wenn der Druck mal wieder heftig ist. Noch einmal der Professor: »Oft ist das Essen Emotionsmanager. Wenn ich mich geärgert habe, esse ich viel. Wenn ich traurig bin, esse ich viel. Ich esse, um mich zu beruhigen. Das heißt: Immer, wenn ein blödes Gefühl da ist, versuche ich, es mit Essen totzuschlagen.« Genauso hilft uns Limbi natürlich auch, uns selbst zu belohnen. Und »Essen ist eine wunderbar unkomplizierte Belohnung. Es ist in unserer reichen Gesellschaft immer verfügbar. Ich sage mir: ›Jetzt habe ich mir das Stück Torte wirklich verdient! Bin ich das? Nein, Limbi hat mich ausgetrickst. Die unbewusste Gier nach Süßem wird zu der Stimme meiner Ratio. Doch ist das meine Stimme? Nein. Ich hatte mir etwas ganz anderes vorgenommen als Torte.‹ Sicher, man könnte sich auch mit einem Tee gemeinsam mit Freunden belohnen oder mit Sex. Doch etwas zu essen, das ist viel leichter zu organisieren. Man muss mit einer Bockwurst nicht diskutieren«. So beschreibt es Werner Tiki Küstenmacher.[32]

»Eine Vorlage für Ihr persönliches Ernährungstagebuch finden Sie im Internet unter https://www.gu.de/ruge_tagebuch/. Oder Sie scannen einfach diesen QR-Code.«

Die innere Umprogrammierung

Was fangen wir jetzt mit all dem an? Wie kriegen wir diesen Terroristen namens Limbi an die Kandare? Wie setzen wir unser Ernährungsprogramm um gegen einen, der uns seit Millionen Jahren auf Fresslust programmiert ist? Die Antwort ist: Selbstbeobachtung, Selbstbewertung, Selbstverstärkung. Das sind unsere drei Schritte, und damit wird wieder mal klar: Hauruck geht nicht. Hier kommt das Ernährungstagebuch ins Spiel. Es hilft uns, die tief programmierten Emotionen, unbewusste Reflexe zu erkennen. Und wer erkennt, kann sich ändern. Voraussetzung ist, dass wir mit ähnlichen Waffen kämpfen wie Limbi – und das heißt: Wir müssen uns ebenfalls der Emotion bedienen. Und weil wir darüber hinaus auch noch über die Kraft des Verstandes verfügen, stehen unsere Chancen durchaus gut.

> Es geht um nichts anderes als um Befreiung – von inneren Mustern, unbewussten Zwängen. Es geht darum, selbstbestimmt entscheiden zu können, in jedem Moment unseres Lebens: wie wir leben, wie wir uns ernähren möchten.

Schritt 1: Die Selbstbeobachtung

Schaffen Sie sich ein Notiz- oder Tagebuch an und notieren Sie darin eine Woche lang nüchtern, was Sie täglich so zu sich nehmen. Notieren Sie auf der linken Seite so genau wie möglich: Was haben sie gegessen? Und was getrunken? Dazu die Dimension des Schnitzels (klein, mittelgroß, groß), die Zahl der Schokoladenstückchen zwischendurch, und, und, und.

Auf den rechten Seiten des Tagebuchs notieren Sie bitte, was Sie über die Mahlzeit wissen bzw. wie es sich anfühlte, als Sie gegessen haben. Schreiben Sie hier wirklich alles auf, was Ihnen so auffällt:

- Wo kam das Essen her? Haben Sie selbst gekocht, war es aufgewärmt, vom Lieferservice, vom Imbiss oder waren Sie in der Kantine, im Restaurant?
- Ist Ihnen das Essen gut bekommen? Lag etwas schwer im Magen? Bitte genau notieren, was »gut« und »weniger gut« war.
- War die Menge richtig, reichte sie Ihnen gerade so oder waren Sie total satt? Haben Sie etwas auf dem Teller liegen lassen?
- Hatten Sie nach dem Essen noch Lust auf mehr? Oder Lust auf etwas Süßes? Brauchten Sie unbedingt einen Espresso danach?
- Notieren Sie auch die Uhrzeiten der Mahlzeiten. Und das Level des Hungers dazu – sowie das Level des Appetits. Hunger heißt Magenknurren, deutlich spürbarer leerer Magen. Appetit ist die kleine Schwester, ist die Lust auf etwas Bestimmtes, ohne dass man richtig hungrig ist. Versuchen Sie, diese beiden Empfindungen zu unterscheiden. Vielleicht dauert es ein wenig.
- Das Tempo des Essens bitte ebenfalls notieren. Wie oft haben Sie pro Bissen etwa gekaut? Haben Sie sich beim Essen unterhalten? War der Mund dabei auch mal voll? Haben Sie Messer und Gabel zwischendurch weggelegt? Wann, zu welcher Gelegenheit war das?
- Haben Sie allein gegessen oder war noch jemand dabei – und wenn ja, wie viele? War Ihr Smartphone dabei? Haben Sie es auf dem Tisch gehabt und immer wieder draufgeschaut?
- Wie war überhaupt die »Esssituation«? War der Tisch schön gedeckt mit allem oder haben Sie im Stehen gegessen? War das Essen in einer Pappschale oder Papiertüte vom Imbiss ums Eck?
- Beobachten Sie die Intensität des Geschmacks. Haben Sie etwas besonders genossen? Haben Sie alles, was auf dem Teller war, differenziert wahrgenommen? Oder war Ihre Geschmackswahrnehmung eingeschränkt, weil Sie abgelenkt waren?
- Fehlte etwas? Hätte der Gemüseeintopf ruhig ein paar gebratene Schinkenwürfel vertragen können, war das Salatdressing fad, die Bratwurst labberig, fehlten auf dem Apfelkuchen die Mandeln …?
- Haben Sie zum Essen getrunken, in welcher Phase des Essens, wie bewusst und evtl. wie schnell?

• Und nicht vergessen: Was haben Sie zwischen den Mahlzeiten gegessen? War das geplant (Einladung zu Kaffee und Kuchen, der Apfel von zu Hause für zwischendurch) – oder ganz spontan (die Tafel Schokolade in der Schreibtischschublade, die Kekse auf dem Konferenztisch, der Schokoriegel aus dem Automaten)? Abends ein Betthupferl oder die berühmten Cracker vor dem Fernseher?
• Was haben Sie zwischendurch getrunken? Wann genau, zu welchem Anlass? Wasser – wann und wie viel, mit Kohlensäure oder ohne, kalt oder warm –, Kaffee oder Tee – wann und wie viel –, Cola, Süßgetränke, Orangensaft, Wein, Bier, Spirituosen?
Professor Klotter meint dazu: »Das Aufschreiben, das Protokollieren ist enorm wichtig für den Erkenntnisprozess. Reden, Artikulieren ist schön – aber am nächsten Tag leicht wieder vergessen. Über das Schreiben schaffe ich einen Reflexionsbogen, der bleibt.«

Sich von inneren Skripts befreien, das geht auch mithilfe gesunder Alternativen – zum Beispiel – Beeren statt Gummibärchen.

Schritt 2: Die Selbstbewertung – entdecke deine inneren Skripts

Wir wollen nun herausfinden, wie unsere Essgewohnheiten und Automatismen, dieses »Ich-brauche-das-Fleisch« und das »Ich-kann-nicht-ohne-Kuchen« entstanden sind, welche tiefe Wurzeln sie haben. Denn eins dürfte jetzt schon ziemlich klar sein: Es sind Prägungen, die sehr früh in unserem Leben erfolgen und die sehr oft wiederholt wurden. So konnten sich neurale Verschaltungen bilden, reflexhafte Reaktionen an unserem Bewusstsein vorbei. Sie sind gewissermaßen eingebrannt in unseren Emotionen, im Unbewussten, und Limbi hat sich als Brennmeister arg ins Zeug gelegt.
Unsere Essgewohnheiten werden im Gehirn auf dreierlei Ebenen programmiert. Wenn wir diese erkennen, können wir nüchtern bewerten: Ist das wirklich mein Skript? Will ich das weiter übernehmen? Oder möchte ich mich davon befreien? Verhaltenstherapeuten kennen auf diesen drei Ebenen drei Ernährungsskripte:
• Das **kulturelle Skript** ist das am tiefsten eingebrannte. Was isst man von jeher da, wo man herkommt? »Im Fränkischen, von wo meine Frau stammt, sind es auch mal neun Würstchen und sechs große Bier. So wird dort halt gefeiert. In Bayern sind es die Semmelknödel, die Weißwurst, die Kalbshaxe und das Weißbier. Oder Weihnachten in Deutschland: Christstollen, Plätzchen, Weihnachtsgans. Das macht man hier so. Für viele ist Weihnachten ohne all das kein Weihnachten«, sagt z. B. Professor Klotter.
Jetzt sind Sie dran. Nehmen Sie bitte einen farbigen Marker plus Kuli zur Hand und markieren Sie in Ihrem Ernährungstagebuch alles, was Ihnen in Ihrer Ernährungsprogrammierung als »kulturell« erscheint. Vielleicht ist es das »Drei-Mahlzeiten-täglich«, vielleicht die tiefe Überzeugung »Ich brauche regelmäßig Fleisch« oder auch »Gemüse kann nicht satt machen«. Halten Sie inne, gehen Sie

Ihr Tagebuch sorgfältig durch, fühlen Sie nach – und dann markieren, kommentieren Sie.

- Das **soziale Skript** ist laut Professor Klotter das zweitwichtigste. Was ist gesellschaftlich programmiert? Was tut man – und was tut man nicht? Zum Kaffee am Nachmittag serviert man Kuchen. Wenn nicht, ist das keine Gastfreundschaft. Nach dem Essen gibt es immer ein Dessert. Professor Klotter: »Abweichungen werden kaum toleriert. Ein Beispiel: ›Das ist ja unmöglich. Die Müllers hatten wirklich ein Essen ohne Dessert. Das war ja das Letzte. Später sind wir noch in das Bistro um die Ecke gegangen, haben noch Kuchen gegessen.‹« Ähnliche Reaktionen wären zu erwarten, wenn die Müllers nur Gemüsegerichte angeboten hätten. Eine Zumutung! Weder Fleisch noch Fisch, wie geizig. Fleisch und Fisch gelten als hochwertig und teuer, Gemüse als minderwertig und billig – und Gästen setzt man Billiges nicht vor.
- Die letzte, die oberste Schicht unserer Programmierung, das ist das **individuelle Skript**. Was habe ich aus der Kindheit mitgenommen? Aus welchen Motiven esse ich? So wie: Was auf den Tisch kommt, wird gegessen. Der Teller muss leer gegessen werden, auch wenn man schon satt ist. Man braucht immer Zucker in den Kaffee, auch wenn man 15 Tassen trinkt. Oder: Nach der Arbeit brauche ich mein Bier.

Dann gehört hier noch das emotionale Essen her, nach dem Motto: »Wenn ich gestresst bin, brauche ich erst mal eine Schokolade. Oder ein Glas Wein. Und wenn ich gefrustet bin, muss es die Pizza sein.« Hunger? Interessiert da nicht. Es gibt so viele Spielarten des emotionalen Essensmanagements. Kommen Sie sich auf die Spur? Vollziehen Sie anhand Ihres Ernährungstagesbuchs die wahren Motive Ihres Essverhaltens nach – jeden Tag, bei jeder Mahlzeit, bei jedem »Snacking«. Hatten Sie wirklich Hunger? Oder eher Appetit? Oder nichts von beidem und haben trotzdem gegessen? Ganz wichtig, so Professor Klotter: »Seien Sie freundlich zu sich selbst. Verdammen Sie sich nicht. Es gibt viele Menschen, die essen zu viel. Dann ärgern sie sich furchtbar und würden sich am liebsten an die Wand stellen und sich erschießen. Standrechtlich. Sich verzeihen zu lernen, ist wichtig. Sich zu verstehen, ist wichtig.« Auf diese Weise nehmen Sie Limbi den Wind aus den Segeln, denn der akzeptiert ja – wie wir jetzt wissen – keine Verbote. Der will, dass wir überleben. Und dafür schafft er positive Emotion beim viel-fettig-süß Essen.

Schreiben Sie dann auf jeden Fall Ihre Ernährungsbiografie: Was haben Sie entdeckt über sich selbst und Ihre Art zu essen? Wie hat Sie Ihre Familie, die Region, aus der Sie stammen, Ihr soziales Umfeld geprägt? Was erkennen Sie zum Thema »Essen und Emo-

» Das kulturelle und das soziale Skript: Die beiden sind nicht immer trennscharf auseinanderzuhalten. Doch nehmen Sie sich dafür ein wenig Zeit. Was hat Sie geprägt? Was haben Sie an Vorlieben und Ernährungsmustern übernommen, ohne sich bewusst zu entscheiden? Wie spiegelt sich das in Ihrem Essverhalten? Vielleicht, indem Sie meinen, immer etwas Süßes zum Abschluss einer Mahlzeit haben zu müssen? Oder im Sommer ab 23 Grad ein Eis? Spannend! «

tion«? Haben Sie bei manchen negativen Emotionen gar keinen richtigen, sondern »psychischen« Hunger? Was entdecken Sie da? Aus dieser Erkenntnis heraus nehmen Sie jetzt bitte nochmals Marker und Kuli zur Hand und gehen sorgfältig Ihr Ernährungstagebuch durch. Markieren Sie alles, was individuell zu Ihnen gehört, als emotionales Essen der Beschwichtigung von Frust, Trauer, Stress oder was auch immer. Oder als Belohnung für eine gute Leistung oder weil Sie etwas geschafft haben, was Sie erledigen mussten, obwohl Sie nur wenig Lust dazu hatten. Oder auch als Mitbringsel aus Ihren Kindertagen.

Jetzt legen Sie das Wissen, wie eine Longevity-Ernährung aussehen könnte, gewissermaßen über Ihre Notizen – mit entspannter Selbstbewertung: Worauf könnte ich eigentlich verzichten, was alt macht und krank? Was könnte ich als Erstes weglassen oder ersetzen, was fällt mir recht leicht? Ist es der Zucker im Kaffee? Ist es das Weißbrot? Das dritte Bier? Streichen Sie all das in Ihren Aufzeichnungen mit einem farbigen Filzer fett durch. Wenn Sie mögen, machen Sie sich dann eine coole Liste in der Tagebuch-Rubrik: Was ich weglassen möchte. Bringen Sie alles, was Sie weglassen oder ersetzen möchten, gleich in eine Reihenfolge. Ganz oben auf Platz eins kommt das, was Ihnen am leichtesten fällt. Und was Sie auf keinen Fall weglassen können, kommt erst gar nicht auf die Liste.

Schritt 3: Selbstverstärkung – ich programmiere mich um

Jetzt geht es ans Eingemachte. Wie schaffe ich es, mich umzuprogrammieren? Eins ist dabei klar: Wenn wir fest gebahnte Nervenverschaltungen auflösen und deutlich anders neu verknüpfen wollen, dann brauchen wir vor allem was? Natürlich Geduld! Für eine grundlegende Umstellung der Ernährung braucht unser Gehirn seine Zeit. Nach sechs Wochen haben wir schon einiges neu programmiert, doch eine tiefe Umstellung der Lebensgewohnheiten kann bis zu zwei Jahre dauern, sagt Professor Klotter. Und: Wir werden das nur schaffen, wenn wir mit ähnlichen Methoden arbeiten wie Limbi im Gehirn – also mit Emotionen. Positiven Emotionen. Es sollte uns glücklich machen, was wir da an Neuem essen. Es sollte uns spürbar guttun, wie wir essen und wie oft wir essen. Vielleicht fragen Sie sich jetzt: Wie kann das funktionieren? Keine Desserts, kein Fleisch, keine Fertigpizza, kein süßer O-Saft, und, und, und? Wo hole ich da bitte schön die positiven Gefühle her? Dazu möchte ich kurz die Geschichte meiner eigenen Umprogrammierung erzählen: Als ich mit 32 ins Fernsehen einstieg, ernährte ich mich so lala. Ich wollte nicht zunehmen, mied also Völlerei genauso wie die fette Currywurst. Mahlzeiten konnte ich selten in Ruhe zu mir nehmen, ich aß nebenbei, oft Semmeln mit Käse

> Nehmen Sie sich die Zeit, anhand des Tagesbuchs Ihr eigenes Ernährungsprofil zu dokumentieren, nach dem Motto: »Wie ich wurde, was ich esse. Vieles von dem stammt nicht von mir selbst, und vieles war mir nicht bewusst.« Was für ein gutes, befreiendes Gefühl! Das Sich-selbst-Erkennen tut unendlich gut. Nehmen Sie sich damit an. Sie sind so, ob sie es ideal finden oder nicht. Es ist gut zu wissen, wie man funktioniert. Es lohnt sich.

Meine Geheimwaffe gegen Brüllhunger und den unbewussten Griff zur Keksdose: Nüsse. Sie sättigen gut und enthalten dazu noch jede Menge gesunde, lebensverlängernde Stoffe.

oder Schinken. Mit Anfang 40 nahm mich dann mein Internist zur Brust. Die Blutwerte stimmten nicht, ich fühlte mich körperlich unwohl, zeigte Symptome von Reizdarm. Ich schlief auch viel zu wenig. Mein Internist meinte damals: Wenn ich es schon nicht schaffen würde, mehr zu schlafen und in Ruhe zu essen, dann sollte ich wenigstens komplett umstellen auf Mittelmeerdiät. Also jede Menge Gemüse und Salat, Kräuter, Olivenöl, etwas Fisch, Vollkornbrot, Nüsse, dunkle Beeren, viel Wasser, grüner Tee, gern mal ein Glas Rotwein, bestimmte Nahrungsergänzungsmittel. Basta! Nichts anderes.

Mal abgesehen davon, dass es mit dieser Kost etwas schwierig ist, wenn man ständig im Flugzeug sitzt, setzte ich mir das Mittelmeer als positive Vision für Gesundheit und Wohlbefinden auf meine Lebensagenda. Ich hatte wirklich Lust drauf, mich mehr um mich zu kümmern – wenigstens in der Ernährung (Sport hatte ich zum Glück auch in den intensivsten Arbeitsphasen nie aufgegeben). Von nun an hatte ich im Restaurant, bei Einladungen, in der Kantine, auf Reisen einiges neu zu organisieren. Die Selbstfürsorge durch Selbstversorgung mit hochwertigen Nahrungsmitteln entpuppte sich als Herausforderung. Um es kurzzufassen: Auf Desserts zu verzichten, auf Kuchen, Fleisch und Wurst, auf Fertigprodukte und, und, und fiel mir gar nicht so schwer. Denn ich erlebte das tatsächlich nicht als Verzicht, sondern vielmehr als Befreiung. Während die anderen am Konferenztisch zu den Schokokeksen griffen, holte ich aus meiner Tasche ein paar Nüsse heraus – wenn mir überhaupt danach war. Doch der Rest musste durchaus gelernt werden.

Im Laufe der Jahre habe ich an weiteren Stellschrauben gedreht, esse keinen Fisch, keine Meeresfrüchte mehr (aus Tierschutzgründen), lebe tatsächlich zu 80 Prozent »gemüsebasiert«, wie die Longevity-Forscher so schön formulieren, achte auf lösliche Ballaststoffe wie Flohsamenschalen und Haferflocken, esse nur zweimal am Tag, habe mich mit dem kurzzeitigen Gefühl von Hunger bestens angefreundet … Und ich fühle mich mit Verlaub sauwohl dabei. Die positive Emotion, die mich seit 25 Jahren kulinarisch begleitet, speist sich aus dem Gefühlsmix von Leichtigkeit, Beweglichkeit, Wachheit, Leistungsfähigkeit und Heiterkeit. Ich habe mich gelöst von vielen Essensbegierden. Ich brauche das alles nicht. Ich esse gerne sehr einfach, frisch und in entspannter Atmosphäre. Ich brauche nur wenig. Denn ich weiß und ich fühle: Genau so tut es mir gut. Ich will mich um nichts in der Welt mehr anders ernähren. Natürlich stibitze ich einen Löffel Eiscreme von meinem Mann. Ich greife auch mal zu dunkler Schokolade. Doch größere »Ausrutscher« habe ich nie. Nicht, weil ich sie mir verbiete, sondern, weil ich weiß, wie ich mich danach fühle: ungut. Energielos, müde und schwer.

Noch etwas kommt seit vier Jahren dazu: mein Wissen über die zellulären Ursachen des Alterns. Mir ist bewusst, wie stark ich auf meine Zellfitness, auf meine Zellgesundheit Einfluss nehmen kann – allein durch Ernährung, Sport, Schlaf, Atem, Mentaltechniken. Schlaganfall, Herzinfarkt, Krebs, Diabetes, Demenz etc. drohen mir deutlich weniger.

Ja, das ist Wissen im Kopf. Und auf »Kopf« reagiert Limbi nicht, Programmierungen lassen sich rein rational kaum ändern. Aber mein Wissen wird zur Emotion, wenn ich es zur Vision werden lasse: Wie möchte ich in zehn Jahren sein, mit 76? Ich visioniere eine Nina, die sieht älter aus – und sie strahlt. Sie ist gesund genug, um weiter an diesem spannenden Thema »Longevity« intensiv dranzubleiben. Sie hält Vorträge, schreibt Bücher. Sie schmiedet Pläne für die Zukunft, geht wandern, schwimmt, pflegt tiefen Austausch mit Freunden. Nina im Alter von 76 visioniere ich gesund, hellwach und voller Energie. Das schützt mich, wenn mir mal wieder jemand herablassend zu verstehen gibt: Mein Gott, wie lustfeindlich, wie asketisch, diese Ruge. Kann nicht genießen, die Ärmste. Und wie ich genießen kann! Allerdings haben sich meine Sinne tatsächlich verändert, verfeinert. Ich habe ein völlig anderes Gespür für den Geschmack knackfrischen Salats und Gemüses. Hochwertigstes Olivenöl, frische Kräuter, salzarmes Vollkorndinkelbrot. So viele Genüsse habe ich neu entdeckt. Und nun eröffnet mir Stephan Hentschel, unser Spitzenkoch der vegetarischen Küche, noch ganz neue Dimensionen.

Professor Klotter meint zum Stichwort Langlebigkeitsvision: »Üblicherweise ist das Leben ein Abarbeiten von Aufgaben: Schule, Ausbildung, Beruf, Hausbauen, Kinder bekommen. Aus dieser Perspektive widerfährt einem das Leben. Lebenskunst (Anm.: in Form einer Vision für mein Leben) bedeutet hingegen, sein eigenes Leben gestalten zu wollen, Herr und Frau des eigenen Lebens zu werden und sich jeden Tag zu fragen: ›Was will ich?‹ ›Was will ich heute?‹ ›Was will ich mit meinem Leben anfangen?‹ ›Wer möchte ich in fünf Jahren sein?‹ ›Wer möchte ich in zehn Jahren sein?‹«

Also, wie gehen Sie das an? Indem Sie sich zunächst Ihre Vision aufschreiben – so, wie es Ihnen einfällt. Was möchten Sie »später« einmal tun – beruflich, privat, karitativ? Welchen Sinn möchten Sie Ihrem Leben geben? Und auf unser Thema, die Longevity-Ernährung bezogen: Wie möchten Sie sich fühlen, wenn Sie Ihrem Körper genau die Nahrung geben, die ihn bis ins Alter fit hält? Wie werden Sie sich als Vegetarier fühlen oder vielleicht auch als Pescetarier (das heißt, Sie essen zwar kein Fleisch, aber Fisch)? Tragen Sie auch das in Ihr Ernährungstagebuch ein und werfen Sie immer mal wieder einen Blick darauf.

» So sensibel, so detailgenau wie in Ihrem Ernährungstagebuch haben Sie sich selbst und Ihr Essverhalten vermutlich noch nie beobachtet. Sie haben jetzt Ihr eigenes Forschungsmaterial vor Augen, also nutzen Sie es für noch tiefere Erkenntnisse. «

> Noch mal: Worum geht es? Wir möchten tief eingegrabene Reflexe, halb- oder sogar unbewusstes, automatisiertes Essverhalten in die Richtung ändern, die wir ganz persönlich für richtig halten. Wir möchten uns vom Urviech Limbi nichts mehr diktieren lassen – und das bitte auf Dauer, für unser ganzes Leben. Wir wollen Herrin im eigenen Haus sein.

Was also praktisch tun?

Begonnen haben Sie ja bereits. Sie haben in Ihrem Ernährungsprotokoll alles gestrichen, worauf Sie relativ leicht verzichten können. Sicherlich werden Sie noch nicht bei einer 80-prozentig gemüsebasierten Ernährung gelandet sein. Aber Sie schließen Kompromisse mit sich selbst und notieren, was Sie (in etwa) morgen essen möchten und was nicht. Professor Klotter nennt das die persönliche »Bastelstunde«. Sie gehen den morgigen Tag durch: »Womit fange ich an? Ich lasse den Zucker im Kaffee weg und den Kuchen am Nachmittag. Stattdessen schneide ich mir einen Apfel auf. Ich schaue, was die Salattheke in der Kantine so hat, und kaufe mir morgens beim Biobäcker eine wunderbare Vollkornsemmel dazu.«
Und dann führen Sie Ihr Ernährungstagebuch weiter. Sie schreiben auf, was Sie wirklich gegessen haben, und schauen sich das abends freundlich an: »Aha, das mit dem Zuckerweglassen ging problemlos. Das mit dem Kuchen wurde dann doch ein Keks aus der Dose meiner Kollegin. Vielleicht nehme ich morgen einen Vollkornkeks mit Sesam mit, den mag ich.«
Sie verstehen, was ich meine? Genaue Vorgaben kann ich Ihnen nicht machen, denn es sind IHRE Prägungen, die die eine oder andere Änderung – zunächst – nicht zulassen. Schauen Sie also sehr bewusst: »Was an Ungesundem, Lebensverkürzendem kann ich locker loswerden – und was prägt mich und mein ›Limbi-Wohlgefühl‹ so sehr, dass ich es erst einmal beibehalten werde?« Machen Sie sich dann einen neuen Plan.

Auf einen Blick

So funktioniert die Umprogrammierung auf eine Longevity-Ernährung – sechs Punkte:

1. Ich weiß, was ich mit einer Longevity-Ernährung an gesunden Jahren herausholen kann.
2. Ich weiß, wie diese Ernährung exakt aussehen sollte.
3. Ich lasse mich bewusst in meinem Wissen und Vorhaben nicht durch andere verunsichern.
4. Ich habe eine Vision, wie ich sein möchte, mich künftig fühlen möchte. Diese Vision ist hell, warm und positiv.
5. Ich entwickle entspannt und konsequent meinen individuellen Ernährungsplan, anhand dessen, was mir wirklich schmeckt und guttut.
6. Ich verzeihe mir, wenn ich meinen Plan mal vergessen sollte – und mache mit gutem Gefühl weiter.

Eine neue Ernährung, ein neues Leben

Ich kann Ihnen versprechen: Dieses Kochbuch ist eine großartige Umprogrammierungshilfe. Sie wissen danach: »Diese Gemüse sind besonders wirksam, um meine Ernährung zu köstlicher Medizin zu wandeln. Ich helfe mir selbst großartig dabei, meine Vision eines befreiten, leichten Älterwerdens zu erfüllen. Ich weiß, was ich tue, und ich tue es gern.« Welche unserer Powergemüse-Rezepte die Ihren sein werden, das entscheiden natürlich Sie. Machen Sie sich auf den Weg – und hier sind weitere Umprogrammierungshilfen!

Die Alternativ-Belohnungsliste

Diese Liste kann Wunder wirken – und sie wird sich verändern, reicher werden, spannender. Diese Liste können jedoch nur Sie aufstellen, denn es müssen Dinge sein, klein, aber fein, die Sie wirklich mögen. Die Ihnen dasselbe Wohlgefühl vermitteln, wie es früher das Schnitzel konnte. Klar kann das was Essbares sein wie ein fantastisches Gemüsecurry. Doch wenn's beispielsweise darum geht, das Snacking zu vergessen, braucht es auch andere Alternativen. Mit dem Hund kuscheln oder tollen, im Büro den aktuellen Lieblingssong hören, mit Kopfhörer und mit allen Sinnen … Ihrer Fantasie des Selbstbeglückens mit Mini-Nudges, Mini-Schubsern, sind keine Grenzen gesetzt.

Hunger? Sei mein Freund!

Was beim ersten Lesen vielleicht merkwürdig klingen mag, vor allem in den Ohren von Menschen, die Hunger noch erleiden mussten, kann sich ebenfalls als Befreiung erweisen. Hunger hat die Eigenschaft, schlechte Laune zu machen und sich zum Terroristen zu mausern. Doch muss man denn tatsächlich sofort an den Futternapf, wenn sich das erste zarte Knurren meldet? Kann man sich nicht an ein bisschen Hunger gewöhnen?

Man kann, und ich behaupte: Es fühlt sich sogar gut an. Brüllhunger zählt natürlich nicht dazu, das große Loch im Magen ist unangenehm, und das ein wenig aufzufüllen, ist großartig. In Fastenphasen muss man da natürlich durch. Die Hungermeldezentrale gibt dann bald auf und das etwas dumpfe Gefühl des leeren Magens stresst einen gar nicht mehr. Im Alltag, beim Intervallfasten etwa, kommt aber halt immer mal der Hunger zwischendurch. Doch Achtung: Ist das wirklich Hunger, also: Magen leer? Oder ist es Verlangen nach Essen, weil wir gerade gestresst sind, traurig, frustriert? Ist das also »richtiger« Hunger oder emotionaler, psychischer? Emotionalen Hunger stillen Sie mit etwas, was Ihnen emotional guttut, aber kein Essen ist. Von der Badewanne bis zu kleinen Kopfmassage ist alles drin. »Richtigen« Hunger können Sie sich

> „Wegbegleiter können beim Umstellen des Lebensstils ganz praktisch unterstützen. Beschreiben Sie dieser Freundin, jenem Kollegen Ihr Etappenziel, zum Beispiel kein rotes Fleisch mehr, kein Schnitzel, Steak oder Würstchen. Und melden Sie sich ganz schnell bei ihr oder ihm, wenn Limbi mal wieder dabei ist, Ihnen genau dieses aufzuschwatzen. Ihr Wegbegleiter kennt natürlich Ihre Alternativ-Belohnungsliste (siehe links).“

erst mal zum Freund machen: »Aha, da ist dieses Hungergefühl. Das zeigt an, dass meine Zellen jetzt großreinemachen und meine Zellfitness steigt. Super, das tut mir gut! Und außerdem esse ich dann, wann ich es möchte, und nicht, wenn Limbi Lust dazu hat. Und 16 Stunden am Tag esse ich eben nicht.« Jede Menge Wasser, grüner Tee, Ingwerwasser etc. hebeln das Knurren wunderbar aus. Und wenn's richtig nervt, können es auch mal ein paar Nüsse sein. Basta! Der kleine Hunger wird ganz schnell zu Ihrem Freund, wenn sie ihm freundlich begegnen – und ihn dann ignorieren.

> Bei einfachen Reflexen wie dem legendären abendlichen Griff zur Schokolade, zur Chipstüte oder was auch immer Schrecklichem funktioniert das innere Stoppschild durchaus ganz gut. Sagen Sie sich schlicht und einfach: »Schluss, aus, basta. Ich bin stark genug, um dieser blöden, dummdreisten Chipstüte zu widerstehen, wäre ja noch schöner.« Also: inneres Stoppschild aufstellen und an etwas anderes denken, humorvoll, liebevoll, heiter. Mein Leitgedanke dazu ist ein Satz von Viktor Frankl: »Ich muss mir von mir selbst nicht alles gefallen lassen.« Ich entscheide frei.

Der Mere-Exposure-Effekt

Es gibt ja Menschen, die können mit Gemüse nicht viel anfangen. Ach, Sie auch nicht? Nehmen wir an, Sie entscheiden sich trotzdem, deutlich mehr Gemüse zu essen. Dann blättern Sie bitte den umfangreichen Rezeptteil ab Seite 51 durch und lassen sich anlachen. Ein Gericht wäre etwas für Sie? Dann vertrauen Sie auf den Mere-Exposure-Effekt der Psychologie. Der besagt nämlich, dass Ihnen etwas, das Sie bisher vielleicht nicht so sehr interessiert hatte, nach wiederholter Begegnung doch noch gefallen könnte. Woran das liegt? Limbi funktioniert ein bisschen nach dem Prinzip »Was der Bauer nicht kennt, frisst er nicht«. Wenn er dasselbe aber mehrfach erlebt und festgestellt hat, dass er nicht vergiftet wurde, fasst er Vertrauen. Und dann wird das neue Gericht durchaus als okay befunden, ja, es kann sogar zum Liebling werden. Das geschieht allerdings nicht, wenn da vorher schon klare Abwehr war, à la »den Spinat, den ess ich nicht«. Aber ich verspreche Ihnen: Stephan Hentschel wird Ihnen beim Mere-Exposure-Effekt helfen, mit dem starken Reiz von sensationell schmackhaften Gemüsegerichten.

Das »Wie« des Essens

Ich nutze meine Mahlzeiten gerne als kleine Flucht, als Auszeit mit mir selbst, auch im Büro. Handy weglegen, nur auf meinen Salat achten und entspannen. Klingt ein bisschen schlicht – doch probieren Sie's. Langsam kauen, Pausen machen, schmecken, atmen, sonst nichts. Der starke Effekt der Entspannung ist auch physiologisch nachweisbar: Ihr parasympathisches Nervensystem frohlockt und Ihr Sympathikus wird sein Adrenalin nicht los. Aber es geschieht noch viel mehr, wenn Sie langsam und bewusst essen. Auch in Gesellschaft funktioniert das wunderbar. Beim Sprechen legen Sie das Besteck weg, während Sie Ihr Gegenüber anschauen und nicht den Teller: Professor Klotter: »Magen, Darm und Gehirn interagieren über Nerven und Hormone. Die steuern das Gefühl von Sättigung und auch das Geschmackserlebnis.« Vor allem zwei Hormone (GLP-1 und Peptid YY) sind es, die dem Gehirn »Satt!« signalisieren. Sie werden in der Darmschleimhaut gebildet, sobald dort fett- oder kohlenhydrathaltige Nahrung eintrifft. Bei Schnellessern werden im Blut deutlich geringere Konzentrationen gemessen, sie fühlen sich also später satt und essen mehr. Langsam essende Testpersonen aßen im Schnitt rund zehn Prozent weniger – und sie blieben auch länger satt. Auch dazu noch mal Professor Klotter: »Für mich ist das Wichtigste beim Essen, dass es in einer Pause stattfindet. Ich bin sonst nicht für starre Regeln, aber beim Essen bedingungslos. Essen nebenbei ist Gift, weil es mich psychisch nicht satt macht. Das eiserne Gesetz: Essen und Pause gehören zusammen, und Essen und Arbeiten gehören nicht zusammen.«

> Kleine Schritte, aber stetig, immer wieder die Vision von sich selbst vor Augen, nur Wohlschmeckendes im Sinn und liebevoll im Umgang mit sich selbst.

Geduld und Verzeihen

Spätestens an diesem Punkt erweist sich Ihr Ernährungstagebuch als Fundgrube. Gehen Sie es noch mal sorgfältig durch und machen Sie sich bewusst, welches Ihr ganz persönlicher »Ernährungsweg« sein wird. Sicher wird sich der immer wieder verändern und sicher braucht es seine Zeit, ihn bis zum Ende zu gehen. Senden Sie also zwei wichtige Freundschaftszeichen an sich selbst: Geduld und Verzeihen. Sie werden kleine Schritte tun, die aber konsequent. Sie werden auch mal abkommen von Ihrem Weg. Professor Klotter: »Um das Ziel zu erreichen, hilft die Kultur des Verzeihens und Verstehens. Ab und zu lasse ich mich verführen zum Vielessen. Sünde gehört zum Essen dazu. Das verschwindet dann wieder. Also bitte nicht verdammen, sondern sich sagen: ›Es ist mir nichts Besseres eingefallen. Aus den und den Gründen brauchte ich das Essen, obwohl ich es besser weiß.‹ Also verzeihen und weitermachen.«

Positive Wortwahl

Jetzt begeben wir uns in die Welt der Psycholinguistik, denn sie hilft, das Unbewusste für uns nutzbar zu machen. Aus der Gehirnforschung wissen wir, dass Worte, die mit bestimmten Gefühlen verbunden sind und mit denen wir häufig konfrontiert wurden, genau diese Gefühle auslösen können, auch wenn die Auslöser in Ihrem Umfeld gar nicht vorhanden sind. Beispiel negative Sprachmuster: »Du musst jetzt Hausaufgaben machen.« Gut möglich, dass Sie das früher öfter gehört haben. Häufig wurden daraufhin Stresshormone oder Transmitter wie Cortisol oder Adrenalin ausgeschüttet, die Stress, Angst und Bedrohungsgefühle auslösen, auch entsprechende körperliche Reaktionen. Wenn Sie sich heute innerlich befehlen: »Du musst aufhören, Kuchen zu essen«, passiert das Gleiche in Körper und Gefühlen. Stress, Angst, Negatives. Wenn Sie dagegen positive Sprachmuster wählen, auf die Sie, auf die wir alle geprägt sind, erfolgt – unbewusst – eine völlig andere

Typische negative und positive Sprachmuster[33]

Zwanghaftes, starres Welt- und Ernährungsmodell	Flexibles, freundliches Welt- und Ernährungsmodell
• Ich muss gesund essen, sonst …	• Ich ernähre mich gerne gesund …
• Ich muss viel trinken, sonst …	• Ich trinke so viel, weil es mir guttut …
• Ich muss joggen, sonst werde ich zu dick …	• Bewegung macht mir Freude …
• Ich muss mal Ferien machen, sonst …	• Ich freue mich auf den Urlaub …
• Ich muss arbeiten, sonst …	• Ich bin gerne berufstätig …
• Ich muss leben …	• Ich lebe gern …

»Polung«. Sagen Sie sich z. B.: »Ich ernähre mich gerne gesund und liebe vegetarische Küche. Süßes brauche ich nicht.« Solche Sprachmuster lassen Endorphine, Dopamin in Ihrem Gehirn sprudeln. Die Folge: Wohlgefühl, Glück! Hintergrund ist, dass uns die Vokabel »müssen« unbewusst in eine Opferhaltung zwingt. Positive, selbstbestimmte Formulierungen stärken das Selbstwertgefühl und die Selbstwirksamkeit: Wir trauen uns zu, uns selbst zu führen, wir fühlen uns frei, eigene Ziele zu setzen und danach zu streben.

Wie organisiere ich mich?

»Im Prinzip ist diese Longevity-Ernährung ja super, ich verstehe auch, wie die unsere Zellfitness stärkt, die Fitness unserer Organe, Muskeln, Haut, unseres Gehirns … Aber wie soll das denn praktisch gehen?« Das höre ich oft. »Ohne Organisation läuft nichts«, bringt es Professor Klotter auf den Punkt. Deshalb sind hier ein paar Vorschläge, wie es ganz unkompliziert möglich würde.

Familie, Partner machen nicht mit?

Schade eigentlich. Wenn aber tatsächlich niemand mitgehen will auf Ihrem Longevity-Weg, dann gehen Sie ihn eben allein. »In Familien ist dabei Verhandlung und Abstimmung angesagt«, so Professor Klotter, »möglichst unaufgeregt, pragmatisch, einfach umzusetzen.« Sprich: Wenn drei in der Familie konventionell fleischbasiert essen möchten und einer auf Longevity-Ernährung steht, dann wird gedealt – jeden Tag, morgens, bevor alle das Haus verlassen – oder grundsätzlich strategisch festgelegt und dann mit der Zeit immer wieder neu angepasst. Z. B.: Einmal pro Woche gibt es für alle ein vegetarisches Gericht, die Nicht-Vegetarier suchen aus. Einmal pro Woche kommt die volle Dröhnung Fleisch auf den Tisch, die Vegetarierin greift in die Tiefkühltruhe. Dreimal pro Woche isst man hybrid: Gemüse, gibt's für alle und was es dazu für die Konventionellen gibt, wird abgesprochen. Wunderbar, wenn das gemeinsame Kochen zum Familienleben gehört. Dann werden die kulinarischen Gräben schnell überbrückt.

Private Einladungen zum Essen

Da ist die Sache heikel, wenn die Gastgeber nicht wissen, wie Sie sich ernähren. Oft wird vorher ja glücklicherweise abgefragt, ob bestimmte Wünsche vorliegen. Ich bedanke mich stets aus vollem Herzen für die vorausschauende Rücksichtnahme und lanciere meine Wünsche in aller Bescheidenheit: »Danke, dass Sie fragen. Für mich kein Fleisch, keinen Fisch. Und machen Sie sich keine Mühe, mit einer Portion Gemüsebeilage bin ich glücklich. Pasta ist auch nicht so mein Fall und Dessert auch nicht. Ich verspreche Ihnen – ich bin glücklich so.« Das klappt meistens wunderbar und, besonders schön: Das Tischgespräch dreht sich anlässlich dessen oft um Ernährung – um Langlebigkeitsernährung im Detail. Großartig!

Restaurantbesuche

Anspruchsvoll ist das ja nur, wenn nicht à la carte einzeln gewählt, sondern für alle dasselbe Menü serviert wird, das ja bis heute fast immer ein Fleisch- oder Fisch-Hauptgericht enthält. Da habe ich es mir angewöhnt, mit geballtem Charme zu den Kellnern zu gehen und meine Wünsche zu äußern: »Ich bin Vegetarierin – bitte kein Fleisch, kein Fisch, auch keinen Pasta-Ersatz. Ich freue mich sehr über eine Gemüsebeilage XXL oder einen Salat als Hauptspeise. Und lassen Sie bei mir bitte gleich das Dessert weg.« Das funktioniert heute sehr viel besser als vor 20 Jahren. Wir Vegetarier, Veganer werden immer mehr. Ich wage es heute sogar, nach Vollkornbrot zu fragen, wenn keins im Brotkorb ist.

Kantine und Meetings

Entweder ist die Kantine schon eine der neuen Generation – dann wird Gemüse, Salat, Vegetarisches angeboten, oft auf hohem Niveau. Oder Sie bringen Ihre Mahlzeit mit, in der Plastikbox. Viele Bioläden bereiten Wunderbares vor, das lässt sich am Vortag besorgen. Oder Sie nutzen gute Tiefkühlkost. Ich habe das jahrelang mit größtem Vergnügen gemacht.

Bei Meetings allerdings dominieren immer noch Kekspackungen oder sehr süßes Obst. Da macht der selbstbewusste Griff zu mitgebrachten Nüssen Sinn – wenn die Sitzung lang ist und anstrengend. Sonst reichen Kräutertee (in der mitgebrachten Thermoskanne) oder stilles Wasser ohnehin. Sie werden sich sowieso bald das Image des interessanten Exoten eingehandelt haben, wenn Ihr Umfeld unmittelbar erlebt, wie Sie sich ernähren. Fast immer entsteht auch daraus eine angeregte Diskussion.

> Diese Liste ist unvollständig, ich weiß. Doch ich hoffe, Sie machen sich auf den von uns selbst georteten Trail in Richtung Longevity. Auf unserem Wegweiser prangt: I do it my way! Sie können sich lustig machen über mich, lästern, was auch immer: Ich bleibe dabei. Und ich entdecke eine völlig neue Dimension an Lebensfreude, eine neue Form der Befreiung, eine »stille Revolution«, wie Prof. Klotter formuliert. Na dann, avanti!

Welches Gemüse ist denn jetzt das wertvollste?

80 Prozent gemüsebasierte Ernährung: Das bedeutet einiges an Umstellung der Ernährungsgewohnheiten. Wer sich dazu entschieden hat, wird dem Prinzip »Wenn schon, denn schon!« folgen: »Wenn ich mich schon derart gemüselastig ernähre, dann bitte hochwirksam, also mit denjenigen Gemüsen, die den besten Cocktail an Boosterwirkstoffen für die Zellfitness enthalten.« So viel zu unserer Idee: Als wir anfingen, dieses Buch zu schreiben, dachten wir, dass es »Hitlisten« der gesündesten Gemüse – wissenschaftlich basiert – doch reihenweise geben dürfte und dass Professor Eckert uns daraus nur unsere ultimativen Rezeptkandidaten zusammenstellen müsste, damit Stephan seine unwiderstehlichen Rezepte daraus kreieren könnte. Doch falsch gedacht! Eine solche Hitliste existierte noch gar nicht. Was Professor Eckert aber nur noch mehr motivierte. Das erste seriöse Gemüseranking für eine optimale Longevity-Ernährung zu erstellen, das ist schließlich ein Fest für einen Wissenschaftler. Allerdings hatte er den Aufwand dafür dann doch unterschätzt …

Nina Ruge: Lieber Herr Professor Eckert, Wikipedia summiert wie folgt: 890 Obst-, Gemüse und Salat-, 120 Bohnen-, Samen-, Nuss- und 165 Gewürze und Kräuterarten. 100 davon haben es letztendlich auf Ihre Liste der Langlebigkeits-Champions geschafft. Nach welchen Kriterien haben Sie ausgesiebt?
Gunter Eckert: *Wenn wir die Langlebigkeits-Champions ermitteln wollen, müssen die logischerweise besonders große Mengen jener Wirkstoffe enthalten, die nachweislich die Zellfitness stärken und damit den Alterungsprozessen entgegenwirken. In erster Linie sind das die sekundären Pflanzenstoffe und hier wiederum v. a. die Polyphenole. Von den rund 8000, die für uns Menschen interessant sein könnten, sind allerdings nur wenige auf ihre genauere Wirkung im Körper erforscht.*

NR: Ich fürchte, dass bislang auch nur relativ wenige Gemüse- und Obstarten auf ihren Polyphenolgehalt exakt analysiert wurden …
GE: *So ist es. Wie wichtig Polyphenole für den Erhalt unserer Zellfitness und Stoffwechselfunktion sind, ist noch nicht lange bekannt. Außerdem*

kristallisieren sich die einzelnen Effekte der verschiedenen Polyphenole erst langsam heraus. Doch zum Glück gab es vor einigen Jahren ein hervorragendes europaweites Projekt, an dem verschiedene akademische Institute und Industriepartner beteiligt waren, die den »PHENOL EXPLORER EU« erschaffen haben. Es handelt sich um eine Datenbank, die immerhin den Polyphenolgehalt von 400 Lebensmitteln offenlegt, studienbasiert, versteht sich. Hier wurde auf immerhin 500 verschiedene Polyphenole getestet.

NR: Wir brauchen Orientierung, Professor Eckert. Haben Sie »Lieblings-Polyphenole«? Das würde helfen, den Wert des Gemüses recht klar einzuschätzen. Ich denke hier an das Sulforaphan des Brokkoli, das EGCG des grünen Tees, das Quercetin der Zwiebel …
GE: *…. und viele andere mehr. Besonders im Fokus stehen hier tatsächlich die Polyphenole, mit denen wir gerade selbst arbeiten – aktuell sind es die Olivenpolyphenole. Hier konnten wir etwa für Ligstroside zeigen, dass es die Lernfähigkeit bei alten Mäusen verbessert und ihre Lebenszeit verlängert. Bei Ligstrosid handelt es sich um ein nicht leicht zugängliches und daher noch recht unerforschtes Polyphenol, das vor allem in unreifen Oliven vorkommt.*

> Obst und Gemüse enthalten rund 10 000 verschiedene sekundäre Pflanzenstoffe. Zu den spannendsten zählt die riesige Stoffklasse der Polyphenole. Ihre schützende Wirkung auch auf menschliche Zellen scheint so hoch zu sein, dass sie heute die stolze Bezeichnung »lifespan essentials« tragen dürfen.

NR: Eins dürfte klar sein: Die QUANTITÄT von Polyphenolen in Pflanzen ist schon mal ein wichtiger Hinweis auf seine Wertigkeit für die Longevity-Ernährung. Man muss aber doch sicher auch die QUALITÄT einzelner Polyphenole in der Wertung berücksichtigen.
GE: *Das ist stark anzunehmen, wenn auch nicht generell zu beantworten. Wir hatten einmal ein EU-Projekt, bei dem es um gesunde Aspekte der mediterranen Diät ging: Lokal angebaute, wild wachsende Nahrungspflanzen machen in bestimmten Mittelmeerregionen saisonal einen beträchtlichen Teil der täglichen Ernährung aus. Und es wurde vermutet, dass die positiven Auswirkungen dieser Ernährung auf die menschliche Gesundheit teilweise auf die antioxidative Wirkung flavonoidreicher Nahrungspflanzen zurückzuführen sind. Der Nährstoffgehalt der meisten Wildpflanzen ist höher als der von Kulturpflanzen und kann je nach den vorherrschenden Umweltbedingungen variieren. Dementsprechend wurden drei lokale pflanzliche Lebensmittel in Griechenland (Kreta), Süditalien und Südspanien gesammelt, um mögliche Unterschiede in ihrem antioxidativen In-vitro-Potenzial zu untersuchen. Die Tests ergaben verschiedene spezifische antioxidative Wirkungen, die von keiner Aktivität bis hin zu fast vollständigem Schutz reichten. Es wurden jedoch keine eindeutigen Korrelationen zwischen dem Polyphenolgehalt und den antioxidativen Aktivitäten der Extrakte festgestellt. Darüber hinaus wurden für gleiche Pflanzen, die von verschiedenen Standorten stammten, erhebliche Unterschiede im Polyphenolgehalt festgestellt.*

NR: Was ist eigentlich mit den Gemüse- und Obstsorten, die bislang auf ihren Gehalt an Polyphenolen und anderen Langlebigkeitsboostern gar nicht untersucht wurden? Die fallen aus unserer Liste raus, könnten aber doch Stars sein.
GE: *Richtig. Was noch nicht untersucht wurde, kann auch nicht bewertet werden. Es ist absolut nicht ausgeschlossen, dass es noch einige unentdeckte Schätze zu heben gilt. Allerdings bedarf es dafür auch entsprechender Analysen und man darf nicht zu enthusiastisch sein, dass sich unser Wissen über die Inhaltsstoffe so schnell verbreitet. Die Identifikation und Bestimmung sekundärer Pflanzenstoffe ist mit erheblichem analytischem Aufwand verbunden und nur wenige Arbeitsgruppen haben das entsprechende Equipment und Know-how. Daher war die oben beschriebene Phenol-Explorer-Initiative so wichtig. Aber auch hier ist der letzte Eintrag in die Datenbank schon wieder ein paar Jahre her.*

NR: Haben Sie denn zu den »hidden champions« – die bislang noch von der Wissenschaft unerkannt vor sich hinvegetieren – zumindest Vermutungen über ein paar mögliche Stars der Zukunft?
GE: *Ja, vor allem fermentiertes Gemüse birgt noch einiges an Potenzial. Durch den bakteriellen Umsatz werden unzählige kleine Moleküle gebildet, die es zu charakterisieren gilt.*

»
Fermentation

Durch das durch Bakterien, Pilze oder bestimmte Enzyme ausgelöste Vergären natürlicher Pflanzenbestandteile oder Milch in Säuren, Gase und Alkohol »lockern« sich stabile Proteine, sodass z.B. Gemüse weicher und verdaulicher wird. Im Gegensatz zum Kochen gehen dabei keine Inhaltsstoffe verloren, vielmehr entstehen sogar neue förderliche Inhaltsstoffe.
«

NR: Und wie bringen wir jetzt, um es noch komplexer zu machen, die Tatsache in unsere Wertung ein, dass biologisch gezogenes Obst und Gemüse mehr Polyphenole enthält als solches, das im Gewächshaus mit Dünger, gleichbleibender Feuchtigkeit und Temperatur und unter dem Herbizidschutz in die Höhe schießt? Etliche Polyphenole bilden die Pflanzen doch nur, wenn sie unter Stress stehen.
GE: *Wir können hier eigentlich nur den Hinweis geben, dass Obst und Gemüse aus biologischem Anbau meist deutlich mehr Polyphenole enthalten als Gewächshausprodukte unter Pestizideinsatz. Allerdings: Etliche Studien, auf denen die Gehaltsangaben fußen, legen gar nicht offen, ob es sich um biologisch oder konventionell angebaute Testpflanzen handelte. Deshalb möchte ich davon ausgehen, dass die Daten meiner »Hitliste« im Ranking relativ unabhängig von der Anbaumethode gelten dürften. Der Fenchel beispielsweise wird relativ zu anderen knollenartigen Zwiebelgemüsen ein Favorit bleiben – egal, ob bio oder konventionell aufgezogen.*

NR: Immerhin kann man in manchen Fällen unmittelbar schmecken, ob ein Gemüse einen hohen Polyphenolgehalt hat oder nicht, denn viele Polyphenole schmecken scharf oder bitter, auch wenn genau das bei vielen Gemüsen weggezüchtet wurde, weil Konsumenten diese Geschmacksrichtung nicht mögen.

GE: *Genau. Nehmen Sie mal ein Blatt Rucola in den Mund oder Chicorée. Wenn es bitter schmeckt, enthält es viele Polyphenole. Die Farbe gibt auch einen guten Hinweis. Roter Chicorée, roter Blattsalat oder Rotkohl sind reich an Polyphenolen. Bei Obst zeigt uns eine dunkle Färbung den hohen Gehalt an. Dort sind es der Holunder, die Schwarze Johannisbeere, die Heidelbeere. Übrigens: Oft unterstützen sich die Pflanzenstoffe gegenseitig – in sogenannten Phytokomplexen. So wirkt die Gesamtheit der Wirkstoffe stärker gesundheitsfördernd als die Summe der Wirkstoffe, wenn sie isoliert genossen würden.*

NR: Exotische Früchte und Gemüse verlieren auf ihrer weiten Reise zu uns oft viele ihrer bioaktiven Stoffe. Sie haben sie daher nur in Ausnahmefällen in Ihre Wertung einbezogen. Welche sind das?
GE: *Die Olive z. B. habe ich aufgenommen, weil ihre wertvollen Inhaltsstoffe auch dann weitgehend erhalten bleiben, wenn sie im Glas oder Beutel konserviert wurde. Orangen und Zitronen sind auch deshalb interessant, weil ihre Schalen als Wertstofflieferanten beachtet werden sollten. Also sind sie auch dabei. Genauso wie die Banane, wegen ihres hohen Kaliumgehalts, oder die Mango wegen des vielen Vitamins C darin. Außerdem sind das hierzulande einfach sehr beliebte Früchte. Doch unser Hauptaugenmerk liegt auf Gemüse und Obst aus unseren Breiten.*

NR: Das Spektrum der Langlebigkeitswirkstoffe ist ja so breit, es gilt so unendlich viele Parameter zu bewerten, dass letztlich einiges in der Gesamtwertung für das Ranking Ihrer professionellen Einschätzung überlassen bleibt. Ein starres Punktesystem würde uns der idealen Endbewertung auch nicht näherbringen, oder?
GE: *Ja, wir sollten sportlich bleiben. Wie schon gesagt gibt es so viele Faktoren, die das Auftreten einzelner sekundärer Pflanzenstoffe und deren Gehalt im Gemüse, das letztlich auf dem Küchentisch landet, beeinflussen. Die Werte, die der Hitliste zugrunde liegen, unterliegen ja auch diesen Faktoren – Standort, Klima, Saison, Liegezeit etc. –, sodass die veröffentlichten Werte, etwa für den Gehalt an bestimmten Polyphenolen, letztlich auch der Streuung unterliegen. Gerne bemühe ich das Bild eines Konzertes, das uns die sekundären Pflanzenstoffe liefern. Auch die leisen Töne tragen zu einem vollendeten Klangbild bei, im übertragenen Sinne ist es letztlich gar nicht das Ziel, nur Superstars auf die Bühne – sprich, in die Küche – zu bringen. Wir wollen ja gesunde, leckere Gerichte kreieren. Dazu braucht es auch mal Zutaten aus der zweiten Reihe.*

NR: Dann schauen wir uns die weiteren Langlebigkeitswirkstoffe an, die in Ihre Wertung eingingen. Welche haben Sie ausgewählt?

Bereits die Farbe verrät einiges über den Polyphenolgehalt. Als Faustformel gilt: je dunkler, desto besser.

GE: *Wichtig für ein gesundes, langes Leben sind natürlich die Antioxidantien, welche die mit dem Alter steigende Menge an aggressiven freien Radikalen reduzieren. Weist also ein Obst oder Gemüse einen besonders hohen Gehalt an den bekannten Vitaminen C, B_2 oder E auf, geht das in die Wertung ein. Ich musste tatsächlich von Fall zu Fall entscheiden. Die Möhre z. B. erscheint auf den ersten Blick wenig interessant: nur 14 Milligramm Polyphenole pro 100 Gramm. Doch der Betacarotin-Gehalt ist signifikant – und damit steigt die Bedeutung der Möhre für eine gesunde Longevity-Ernährung enorm.*

NR: Der Proteingehalt verschiedenster Gemüse und Nüsse ist ja ebenfalls enorm wichtig für eine vegetarische oder vegane Langlebigkeitsernährung. Nach genauen Angaben dazu haben Sie also auch gefahndet.
GE: *Richtig. Die mit der Nahrung zugeführten Proteine liefern dem Körper die Grundbausteine, um körpereigene Proteine herzustellen. Einige dieser Grundbausteine, die Aminosäuren, sind für den Körper unverzichtbar, also essenziell. Je mehr von den essenziellen Aminosäuren in einem Protein vorhanden sind, desto höher ist dessen Wertigkeit. Bei einer pflanzenbasierten Ernährung muss man daher die Wertigkeit der proteinliefernden Lebensmittel im Blick behalten.*

» Medizinische Fachgesellschaften empfehlen 30 Gramm Ballaststoffe täglich, wir aber führen unserem Körper oft gerade mal zwei Drittel dieser Menge zu. Dabei scheinen Ballaststoffe mit die stärksten Schutzfaktoren aus der Ernährung zu sein, indem sie das Risiko für etliche Alterskrankheiten reduzieren – von Darmkrebs über Diabetes bis hin zu Herz-Kreislauf-Erkrankungen. «

NR: Außerdem messen Sie den Ballaststoffen in Gemüse und Obst eine große Bedeutung bei.
GE: *Im Kochbuchbereich ist das, glaube, ich noch nicht angekommen, dass wir ein Mikrobiom haben, das aus Ballaststoffen noch mal jede Menge Gesundheitsstoffe macht, die dann in die Blutbahn kommen und beispielsweise das Schlaganfallrisiko senken. Wir sollten also letztendlich nicht nur für uns kochen, sondern auch für unsere Bakterien im Darm. Die Mindestmenge an Ballaststoffen, die wir täglich zu uns nehmen sollten, ist übrigens nicht zu unterschätzen: 30 Gramm sollten es sein, noch besser sogar 40 Gramm. Wenn Sie jetzt in meine Liste schauen und zu addieren beginnen, dann kommt eine erhebliche Menge an Gemüsen zusammen, die man täglich vertilgen sollte. Zur Erinnerung: Die Angaben zur Ballaststoffmenge beziehen sich jeweils auf 100 Gramm Gemüse. Natürlich kann man zusätzlich mit Vollkornprodukten die angestrebte Menge dann doch recht gut erreichen.*

NR: So, und jetzt schauen wir uns die Stoffe an, die bioaktiv in die falsche Richtung wirken, nämlich negativ für ein gesundes, langes Leben.
GE: *Sie spielen auf die Oxalsäure an und auf das Nitrat. Auch hier können wir aber nicht schwarz-weiß malen, dazu sind unsere Stoffwechselprozesse zu komplex. Menschen, die eine eingeschränkte Nieren-*

funktion haben oder allgemein zur Bildung von Harnsteinen neigen, sollten den Genuss von Lebensmitteln mit hohen Oxalsäuregehalten meiden. Hier wäre dann etwa die Rote Bete oder der Spinat zu nennen, die viel Oxalsäure enthalten. Für gesunde Menschen stellt der Genuss von Roten Beten oder Spinat dagegen kein Problem dar. Man sollte aber bedenken, dass Oxalsäure in der Nahrung die Resorption von Mineralstoffen wie Kalzium, Eisen oder Magnesium im Dünndarm hemmen kann. Das Kalzium aus Milch oder Sahne beispielsweise bildet mit der Oxalsäure im Spinat unlösliche Komplexe und so gebundenes Kalzium kann dann nicht vom Körper aufgenommen werden. Allerdings gilt das Gleiche andererseits auch für die nun gebundene Oxalsäure.

NR: Jahreszeitliche Schwankungen des Nitratgehalts sollte man aber schon berücksichtigen? Also im Winter, wenn die Pflanzen weniger Sonne abkriegen, nicht zu viel Spinat oder Mangold essen, weil die Pflanze ordentlich Nitrat enthält?
GE: *Dem Nitrat hat man früher eine viel höhere toxikologische Bedeutung zugemessen als heute. Das Gefährliche ist eigentlich nicht Nitrat, sondern das Nitrit, das etwa durch mikrobiellen Verderb aus Nitrat entstehen kann. Daher sollte man immer darauf achten, dass nitrathaltiges Gemüse wie Blumenkohl oder Kohlrabi hygienisch einwandfrei sind. Nitrit wird z. B. in Form von Pökelsalz Wurstwaren zugesetzt, um die sogenannte Umrötung, also eine schöne rosa Farbe im Produkt, zu erhalten. Erhöhte Nitritgehalte können etwa bei Säuglingen und Kleinkindern zur sogenannten Blausucht führen, quasi zu einer Unterversorgung mit Sauerstoff. Außerdem können aus Nitrit durch bestimmte Prozesse auch Nitrosamine entstehen, die Krebserkrankungen auslösen können. Für den gesunden Erwachsenen spielt der Nitratgehalt der Nahrung aber eigentlich keine große Rolle. Trotzdem sollte man auch nicht dauerhaft stark nitrathaltige Lebensmittel wie z. B. Mangoldblätter verzehren. Vielleicht wäre hier auch noch ein weiterer Inhaltsstoff zu nennen, der bestimmten Menschen Probleme bereiten kann: Purin.*

> „Sofern Gemüse und Obst auffällige Nitrat-, Oxalsäure- und Puringehalte aufweisen, ist das in den Listen ab Seite 44 vermerkt. Diese Sorten sollten trotz ihrer zahlreichen gesunden Langlebigkeitsstoffe nicht zu oft auf den Teller kommen (bei Purinen nach Vorerkrankung).“

NR: Was hat es damit auf sich?
GE: *Alle tierischen und pflanzlichen Lebensmittel bestehen aus Zellen, die Erbsubstanz tragen. Chemisch besteht diese Erbsubstanz aus sogenannten Purinkörpern, die wir mit der Nahrung verspeisen. Sie werden zu Harnsäure umgebaut und dann mit dem Harn wieder ausgeschieden. Das macht unser Körper übrigens auch mit den Purinen, die in unserem eigenen Stoffwechsel anfallen. Menschen, die zu Gichtanfällen neigen, zeigen allerdings erhöhte Harnsäurewerte im Blut. Sie sollten daher Lebensmittel mit hohen Puringehalten besser meiden. Hierzu zählen etwa die Ackerbohne oder der Brokkoli.*

> Polyphenole sind zwar nicht hitzeempfindlich, sehr wohl aber wasserlöslich. Besser als Gemüse lange zu kochen und das Garwasser dann wegzuschütten ist, es in wenig Flüssigkeit zu dünsten bzw. es zu dämpfen oder in hochwertigem Öl kurz anzubraten. Das schont zudem relevante Vitamine wie B-Vitamine, Folsäure und Vitamin C, die durchaus empfindlich auf höhere Temperaturen reagieren.

NR: Und wie sieht das jetzt mit der Verarbeitung von Obst und Gemüse aus? Wir gehen ja eher davon aus, dass Rohkost ideal, leichtes Dämpfen okay und ein Verkochen Blödsinn ist.
GE: *Auch hier müssen wir differenzieren. Ja, Gemüse und Obst roh zu verzehren macht oft Sinn, aber nicht immer. Abgesehen davon, dass das nicht jedem in größeren Mengen bekommt, ist es hier besonders wichtig, wie gut man kaut, um die Wirkstoffe optimal freizusetzen. Manche Gemüse aber sollte man unbedingt dünsten, etwa Zwiebeln, deren Quercetin dann viel besser bioverfügbar ist. Quercetin hat einen leichten senolytischen Effekt, vernichtet also Zellen, die ihre Aufgaben nicht mehr verrichten, aber nicht absterben, sondern Entzündungsstoffe abgeben – was natürlich wenig vorteilhaft ist. Oder nehmen wir das Lycopin der Tomate. Das wird am besten aus ihren Zellen freigesetzt und damit für uns verfügbar, wenn die Tomate gepresst wird. Aus Tomatensaft und noch viel besser aus Tomatenmark können wir das Lycopin hervorragend aufnehmen. Und: Lycopin ist hitzestabil, es bleibt also auch in der Spaghettisauce oder Tomatensuppe erhalten. Doch man kann natürlich auch Übergreifendes zur Verarbeitung empfehlen. Gemüse und Obst lange kochen, in viel Wasser – und dieses Kochwasser dann wegschütten, das dürfte den biologischen Wert der Nahrung deutlich reduzieren. Langes Warmhalten – noch dazu ohne Abdeckung, also ohne Schutz vor Sauerstoff wie in Kantinen – dürfte einen ähnlichen Effekt haben. Außerdem sind die sekundären Pflanzenstoffe in Schalen und Kernen am höchsten konzentriert. Diese also, soweit möglich, mitessen.*

NR: Augen auf bei der Ernährung, das gilt vor allem für versteckte Gegenspieler der gesunden Langlebigkeit wie für den Zucker.
GE: *Ja, den schmeckt man oft nicht. Zunächst: Fruchtzucker ist genauso ungünstig für gesundes Altern wie der Traubenzucker Glukose, schmeckt aber nicht so süß. Deshalb unterschätzt man leicht den Gesamtzuckergehalt in vielen Obstarten. In saurem Obst ist der Zucker meist schon in Säure umgewandelt – das ist günstig. Denken Sie an Johannisbeeren, Erdbeeren oder Holunderbeeren. Deren Zuckergehalt ist recht niedrig. In manchem Obst »versteckt« sich der Fruchtzucker allerdings geschmacklich hinter den Säuren, ist also weiter vorhanden. Das gilt für manche Apfelsorten.*

NR: Professor Eckert, Sie haben eine enorme Detailarbeit geleistet, herzlichen Dank dafür im Namen aller, die sich für eine faktenbasierte gesunde Ernährung interessieren. Haben denn manche Ergebnisse Ihrer Recherchen Sie dann doch selbst überrascht?
GE: *Ja, durchaus. Für mich persönlich sind Rote Bete ein Highlight. Zu ihnen habe ich eine Studie an Fadenwürmern, die nachweist: Rote*

Bete können Alterungsprozesse verlangsamen. Klar, ein Wurm ist kein Mensch, aber es gibt universelle Stoffwechselprozesse, die gelten für Wurm, Fliege, Affe und für den Menschen. Und der Fadenwurm ist in der Altersforschung unser Modellorganismus, um lebensverlängernde Effekte zu zeigen. Aber es gibt z. B. auch eine Studie am Menschen, die zeigt, dass der Verzehr von Roter Bete den Blutdruck senken und bei älteren Studienteilnehmern entzündliche Prozesse an den Gefäßen im Gehirn reduzieren kann. Übrigens wird das auch auf den relativ hohen Nitratgehalt der Roten Beten zurückgeführt. Also, Nitrat ist nicht immer nur schlecht, vor allem, wenn man hohen Blutdruck hat.

Wer mich ein bisschen enttäuscht hat, war der Kürbis. Der hat zwar wenig Kalorien, und er lässt sich gut zubereiten. Ich backe ihn z. B. gerne mit Olivenöl im Ofen. Doch sein Polyphenolgehalt enttäuscht. Überraschend fand ich dagegen den Rotkohl. Den finde ich superspannend, genauso wie Artischocken und Chicorée. Beides sind Stars unserer Hitliste. Artischocken sind ja häufig auch auf vegetarischer Pizza. Künftig werde ich die noch öfter bestellen.

» Ein Gesundheitsgeheimnis von Rotkohl: Das Vitamin C in ihm (und es steckt wirklich viel davon in ihm, mehr als in Zitrusfrüchten) wird wie bei allen Kohlsorten erst beim Erhitzen freigesetzt und ist damit besser bioverfügbar als im rohen Gemüse. Wirklich spannend! «

Die Gemüse-Hitliste für ein langes Leben

Deutlich mehr Forschungsarbeit als anfangs gedacht war für Professor Eckert also nötig, eine Hitliste der Gemüse- und Obstarten zusammenzustellen, wie sie Stephan und mir vorschwebte. Auf seiner Suche nach dem Gehalt an Polyphenolen und anderen Langlebigkeitsstoffen stieß er dabei auch auf manch unerwartetes Ergebnis. Auch dazu noch mal Professor Eckert: »Gerichte wollen komponiert werden«, sagt er. »In der Regel stehen der Geschmack und die Optik der Speisen im Vordergrund und gut riechen soll das Essen natürlich auch, wenn es auf den Tisch kommt. Die Sinne kommen aber bereits beim Kochen ins Spiel: Nur ansehnliche Lebensmittel guter Qualität sollen zur Verarbeitung kommen, während der Zubereitung kommt es auf das Abschmecken an und auf die richtige olfaktorische Komposition. Was jedoch, wenn auch die Ratio den Ton angeben soll? Wenn die Aufgabe beispielweise heißt, ganz bewusst so zu kochen, damit die Gerichte nach heutigem Ermessen zur Gesundheit beitragen? Dann gilt es, auszuwählen, aber nach welchen Kriterien? Besonders fettarm oder proteinreich? Mit vielen Kohlenhydraten, Vitaminen oder Mineralstoffen? Mit solchen Kategorien können viele Leser und Leserinnen bestimmt etwas anfangen, davon hat man schon oft gehört. Wie sieht es aber aus mit Lebensmittelinhaltsstoffen, die weniger im Fokus der Kochbücher stehen? Die zudem vor allem auf »Mitesser« in unserem Körper angewiesen sind, um ihre vermeintliche Gesundheitswirkungen zu entfalten? Die Rede ist von phenolreichen pflanzlichen Lebensmitteln. Phenolreich deshalb, da der Gehalt an Stoffen aus den Gruppen der Polyphenole wie Flavone, Flavanone oder Anthocyane, um nur einige zu nennen, den Anhaltspunkt für die Reihung in meiner Hitliste gaben. Denn die Moleküle mit vielen Hydroxyl-Gruppen können, wie es aussieht, vor Herz-Kreislauf-Krankheiten oder auch vor Demenz schützen. Zumindest im Labor verlängern sie das Leben von Würmern und Nagern und verbessern die Denkfähigkeit gealterter Mäuse. Auch die zelluläre Müllabfuhr, die Autophagie, wird angekurbelt und Entzündungsprozesse werden abgemildert.«

Was macht die Polyphenole noch so besonders?
»Bis vor Kurzem dachte man, dass sie im Körper freie Radikale – das sind schädliche Sauerstoffspezies, die beim oxidativen Stress entstehen – abfangen und so vor Alterung und Krankheit schützen können«, erklärt mir der Professor in einem unserer Gespräche. »Beim Blick auf die Gehalte im Blut nach Verzehr von Polyphenolen kommt ob der kleinen Mengen allerdings Skepsis auf. Wie soll etwas wirken, das man kaum nachweisen kann? Das ist doch unwahrscheinlich!
Die meisten Polyphenole gelangen allerdings gar nicht so ins Blut, wie wir sie mit der Nahrung aufnehmen. Stattdessen werden sie vor allem von den Bakterien in unserm Darm, die das Mikrobiom bilden – weiter oben als »Mitesser« bezeichnet –, verstoffwechselt, die aus ihnen kleinere Moleküle herstellen. Diese werden Metaboliten genannt und man weiß, dass schon kleinste Mengen davon über molekulare Mechanismen in den Zellen beispielsweise die Bildung bestimmter Eiweißstoffe anregen können, die unter anderem der eigenen zellulären Abwehr dienen. Die Metabolite lassen also quasi die Schutzschilde unserer Zellen hochfahren. Andere Metabolite leiten die Produktion von Zellkraftwerken ein, den Mitochondrien, um den Zellen mehr Energie zu geben.
Ein Blick in meine Hitlisten verrät: Es tummeln sich da ganz viele Polyphenole. Da stellt sich die Frage, ob eins davon ein herausragender Star sein kann. Hier gilt sicher die Aussage ›Je bunter, desto besser‹ oder übertragen: ›Je diverser die Mischung, desto vielfältiger der zu erwartende Effekt.‹ Die Polyphenole stehen auch nicht alleine da, neben ihnen finden sich in den pflanzlichen Lebensmitteln viele gesundheitlich relevante Stoffe wie Vitamine und Mineralstoffe. Oder auch andere Moleküle aus dem Pflanzenbaukasten wie die Glucosinolate – Senfölglykoside – mit ihrem stechenden Geruch oder bitteren Geschmack, wie sie in den Kreuzblütlern zu finden sind. Kein Wunder also, dass auf der Gemüseliste die Kohlsorten ganz weit oben stehen. Also galt es, nach

> Die Mischung macht's: Statt immer wieder auf den einen Polyphenolhammer zu setzen, sollten Sie daher lieber versuchen, möglichst viele verschiedene Gemüse und Früchte zu essen. Mein persönlicher Anspruch sind 25 verschiedene Arten in der Woche – frische Kräuter, Samen und Nüsse inklusive. Zugegeben: Das schaffe ich nicht immer, aber immer öfter.

Zum Schluss noch ein Wort zu Bewegung

Es gibt ja nicht wenige Schnitzel-und-Pommes-Enthusiasten, die meinen: Ein langes, gesundes Leben, das handle ich mir mit viel Sport und Bewegung ein – ich laufe meiner schlechten Ernährung einfach davon! Einer neuen britischen Studie zufolge stimmt zwar voll und ganz, dass regelmäßiger Sport das Leben verlängert. Doch wer sich schlecht ernährt, verschenkt wieder viele gute Jahre. Will heißen: Training kann gute Ernährung nicht ersetzen. Körperliche Aktivität und gute Ernährung sind vielmehr völlig unabhängige Faktoren für eine gesunde Langlebigkeit. Wenn wir also beides tun – Sport treiben und nach neuesten Erkenntnissen der Verjüngungsernährung essen –, erzielen wir den größten Langlebigkeitseffekt. Sind wir zwar supersportlich, schlemmen zugleich aber permanent Wurstplatten und Leberkäsesemmeln, üben wir Raubbau an der schönen Lebenserwartung.[27] Tut mir leid! Ein gesunder Lebensstil lässt sich eben nicht austricksen.

der Zusammensetzung der pflanzlichen Lebensmittel hinsichtlich ihrer sekundären Pflanzenstoffe zu schauen, und diese nach ihren Gehalten zu reihen.«
Ich war begeistert: Damit ließe sich ja zumindest ansatzweise berechnen, wie stark die lebenverlängernde Wirkung eines Lebensmittels ist. Professor Eckert relativiert jedoch: »Die Vitalstoffgehalte in meinen Listen repräsentieren natürlich Mittelwerte, die über viele Ernten auf unterschiedlichen Standorten erhoben wurden. Das heißt, die Stars der Listen können durchaus von Jahr zu Jahr oder von Wuchsort zu Wuchsort ihre Plätze tauschen – im Mittel sind jedoch alle gute Lieferanten gesunder Stoffe. Nicht für alle Pflanzen liegen zudem Analysen vor und was man nicht kennt, lässt sich nicht bewerten. So gesehen sollten die Hitlisten nicht zu absolut gesehen werden. Manch ein Top-Kandidat bringt z. B. auch weniger Gutes mit, weshalb vom exzessiven Verzehr abzuraten ist. Und auch wenn gesundes Essen von gesunden Zutaten lebt, müssen diese am Ende eine Komposition ergeben, die beim Essen begeistert.«
War ich froh, dass wir Stephan Hentschel an unserer Seite hatten. Das alles war natürlich eine Herausforderung für ihn, aber er hat sie mit Bravour bestanden, wie seine Rezepte ab Seite 51 zeigen.
Aber zuvor erst einmal zu unseren Hitlisten der gesunden pflanzlichen Lebensmittel aus dem Reich der Gemüse, der Früchte, der Kräuter, Pilze, Hülsen- und Schalenfrüchte.

Die Verjüngungs-Hitlisten

Gemüse: die Topkandidaten

Nr.	Gemüse	Gesamtpolyphenole *	Weitere »Verjüngungsstoffe« (Auswahl)	E/*	F*	KH*	BST*	kcal*
1	Mangold	830 mg	Vitamin C ! sehr hoher Gehalt an Nitraten und Oxalsäure	2 g	0 g	1 g	2 g	30
2	Rotkohl (roh)	450 mg	Senfölglykoside Vitamin C ! geringer Oxalsäure- und Nitratgehalt	2 g	0 g	4 g	3 g	30
3	Fenchel	380 mg	Betacarotin, Vitamin B_1, Folsäure, Vitamin C Eisen ! hoher Nitratgehalt; ! geringer Oxalsäure- und Puringehalt	2 g	0 g	3 g	3 g	30
4	Löwenzahn	390 mg	Betacarotin, Vitamin C Eisen	3 g	1 g	2 g	3 g	30
5	Artischocke	260 mg	Phosphat ! hoher Puringehalt; geringer Oxalsäuregehalt	2 g	0 g	3 g	11 g	50
6	Roter Chicorée	240 mg	Phosphat ! mittlerer Oxalsäuregehalt; geringer Purin- und Nitratgehalt	1 g	0 g	2 g	1 g	20
7	Paprika (grün)	230 mg	Betacarotin, Folsäure, Vitamin C, Vitamin E ! geringer Nitratgehalt	1 g	0 g	3 g	4 g	40
8	Rosenkohl (roh)	220 mg	Senfölglykoside Omega-3-Fettsäure Folsäure, Vitamin C, Vitamin K ! geringer Nitratgehalt	4 g	0 g	3 g	4 g	50
9	Grünkohl	180 mg	Senfölglykoside Omega-3-Fettsäure Betacarotin, Folsäure, Vitamin C, Vitamin K Eisen, Kalzium, Magnesium ! hoher Nitratgehalt	4 g	1 g	3 g	4 g	50
10	Zwiebel, rot (roh)	170 mg	Vitamin B_1 und B_6, Folsäure, Vitamin C Phosphat ! geringer Oxalsäure-, Nitrat- und Puringehalt	1 g	0 g	5 g	2 g	30
11	Kohlrabi	170 mg	Senfölglykoside Folsäure, Vitamin C ! hoher Nitratgehalt	2 g	0 g	4 g	4 g	30

Nr.	Gemüse	Gesamtpoly-phenole *	Weitere »Verjüngungsstoffe« (Auswahl)	E/*	F*	KH*	BST*	kcal*
12	Rote Bete	160 mg	Betanin (roter Pflanzenfarbstoff) Folsäure ! hoher Oxalsäure- und Nitratgehalt	2 g	0 g	8 g	3 g	50
13	Olive	160 mg	Omega-3-Fettsäure Eisen ! geringer Puringehalt	1 g	14 g	2 g	2 g	120
14	Rucola	140 mg	Senfölglykoside	3 g	1 g	2 g	2 g	30
15	Wirsing	120 mg	Senfölglykoside Vitamin C ! geringer Purin- und Nitratgehalt	3 g	0 g	3 g	3 g	30
16	Spinat	120 mg	Omega-3-Fettsäure Betacarotin, Folsäure, Vitamin C ! Hoher Oxalsäure-, Nitrat- und Purin-gehalt	3 g	0 g	1 g	3 g	20
17	Chinakohl/ Pak Choi	120 mg	Vitamin C ! geringer Puringehalt	1 g	0 g	1 g	2 g	10
18	Roter Blattsalat	110 mg	Folsäure, Vitamin K ! hoher Nitratgehalt; geringer Puringe-halt	1 g	0 g	1 g	1 g	10
19	Kürbis	110 mg	Omega-3-Fettsäure Betacarotin ! geringer bis mittlerer Puringehalt	1 g	0 g	5 g	2 g	30
20	Petersilienwurzel	90 mg	Vitamin C	3 g	0 g	6 g	4 g	40
21	Radieschen	90 mg	Senfölglykoside	1 g	0 g	2 g	2 g	10
22	Knoblauch	90 mg	Vitamin B_1, Folsäure Salicylsäure	6 g	0 g	28 g	2 g	140
23	Ingwer	90 mg	6-Gingerol	1 g	1 g	9 g	1 g	50
24	Blumenkohl	80	Senfölglykoside Folsäure, Vitamin C, Vitamin K ! hoher Nitratgehalt	2 g	0 g	2 g	2 g	30
25	Süßkartoffel	70 mg	Carotinoide Vitamin C	2 g	1 g	24 g	3 g	90
26	Sauerkraut, abgetropft	70 mg	Vitamin C Magnesium Milchsäure (Darmgesundheit) ! geringer Puringehalt	2 g	0 g	1 g	2 g	20
27	Grüner Blattsalat	70 mg	Folsäure, Vitamin K ! hoher Nitratgehalt; geringer Puringe-halt	1 g	0 g	1 g	1 g	80
28	Aubergine	60 mg	! nicht roh verzehren (enthält Solanin); geringer Purin- und Nitratgehalt	1 g	0 g	2 g	3 g	30

Nr.	Gemüse	Gesamtpolyphenole *	Weitere »Verjüngungsstoffe« (Auswahl)	E/*	F*	KH*	BST*	kcal*
29	Brokkoli	50 mg	Senfölglykoside Carotinoide, Vitamin B_5, Folsäure, Vitamin C, Vitamin K ! hoher Puringehalt, geringer bis mittlerer Nitratgehalt	4 g	0 g	3 g	1 g	30
30	Romanesco	k.A.	siehe 29 (Brokkoli)	2 g	0 g	2 g	3 g	20
31	Knollensellerie	60 mg	Folsäure ! mittlerer bis hoher Nitratgehalt	2 g	0 g	2 g	4 g	30
32	Spargel (roh)	30 mg	Omega-3-Fettsäure Folsäure, Vitamin C ! geringer Puringehalt; geringer bis mittlerer Nitratgehalt	2 g	0 g	2 g	1 g	20
33	Kartoffel	30 mg	Vitamin C ! nicht roh verzehren (enthält Solanin)	2 g	0 g	15 g	2 g	70
34	Krauser Endiviensalat	20 mg	Folsäure ! hoher Nitratgehalt; geringer Puringehalt	2 g	0 g	1 g	1 g	20
35	Möhren	10 mg	Betacarotin Vitamin K	1 g	0 g	5 g	3 g	40
36	Tomate (Cherry)	k.A.	Lycopin (Antioxidans) ! Zerkleinern und Erhitzen erhöht die Lycopin-Verfügbarkeit; geringer Puringehalt	1 g	0 g	3 g	1 g	20
37	Weißkohl (roh)	20 mg	Senfölglykoside Vitamin C, Vitamin K ! geringer Nitratgehalt	1 g	0 g	4 g	3 g	30
38	Spitzkohl	k.A.	Senfölglykoside	2 g	0 g	3 g	2,5 g	20
39	Pastinake	k.A.	Folsäure	1 g	0 g	12 g	2 g	80
40	Schwarzwurzel	k.A.	Eisen ! hoher Puringehalt; geringer Nitratgehalt	1 g	0 g	2 g	14 g	20
41	Steckrübe	k.A.	Vitamin C	1 g	0 g	6 g	2 g	40
42	Lauch	k.A.	Folsäure, Vitamin C, Vitamin K ! hoher Puringehalt; geringer bis mittlerer Nitratgehalt	2 g	0 g	3 g	2 g	30
43	Rettich	k.A.	Senfölglykoside Omega-3-Fettsäure Vitamin C ! hoher Nitratgehalt; geringer Puringehalt	1 g	0 g	2 g	3 g	20
44	Gurke/Essiggurke	k.A.	Essiggurke: Milchsäure (Darmgesundheit)	1 g	0 g	2 g	1 g	10
45	Topinambur	k.A.	Omega-3-Fettsäure	2 g	0 g	4 g	g	60

* Ca.-Angaben pro 100 g

Obst: die Topkandidaten

Nr.	Frucht	Gesamtpolyphenole*	Weitere »Verjüngungsstoffe« (Auswahl)	E*	F*	KH*	BST*	kcal*
1	Holunderbeere	2000 mg	Omega-3-Fettsäure Bteacarotin, Vitamin B_5 und B_6, Vitamin C Kalium, Eisen ! nicht roh verzehren (enthält Sambunigrin); geringer Puringehalt	3 g	2 g	7 g	4 g	60
2	Johannisbeere, schwarz	820 mg	Vitamin C	1 g	0 g	6 g	7 g	30
3	Brombeere	570 mg	Vitamin C	1 g	1 g	6 g	3 g	40
4	Heidelbeere	470 mg	Vitamin C	1 g	1 g	6 g	5 g	50
5	Johannisbeere, rot	450 mg	Vitamin C	1 g	0 g	5 g	4 g	40
6	Pflaume	410 mg	! geringer Oxalsäure- und Puringehalt	1 g	0 g	10 g	2 g	40
7	Sauerkirsche	350 mg	! geringer Oxalsäuregehalt	1 g	0 g	13 g	1 g	50
8	Erdbeere	290 mg	Omega-3-Fettsäure Vitamin C ! geringer Puringehalt	1 g	0 g	6 g	2 g	30
9	Pfirsich	280 mg	! geringer Puringehalt	1 g	0 g	1 g	2 g	40
10	Orange	280 mg	Vitamin C ! geringer Puringehalt	1 g	0 g	8 g	2 g	50
11	Apfel	200 mg	Omega-3-Fettsäure ! geringer Puringehalt	0 g	1 g	11 g	2 g	60
12	Traube, schwarz	180	Spermidin ! geringer Purin- und Oxalsäuregehalt	1 g	0 g	15 g	2 g	70
13	Süßkirsche	180 mg	! geringer Oxalsäuregehalt	1 g	0 g	13 g	1 g	60
14	Himbeere	160 mg	Vitamin C	1 g	0 g	5 g	5 g	50
15	Banane	150 mg	Vitamin B_6 Dopamin, Noradrenalin, Serotonin, Tyramin (Botenstoffe)	1 g	0 g	20 g	2 g	90
16	Avocado	150 mg	Omega-3-Fettsäure	2 g	24 g	0 g	6 g	240
17	Mango	140 mg	Vitamin C	1 g	0 g	12 g	2 g	60
18	Birne	110 mg	Folsäure	0 g	0 g	16 g	3 g	50
19	Granatapfel	< 1 mg	Urolithin A	1 g	1 g	16 g	2 g	80
20	Zitrone	k.A.	Vitamin C ! geringer Puringehalt	1 g	1 g	3 g	3 g	40

* Ca.-Angaben pro 100 g

Hülsenfrüchte: die Topkandidaten

Nr.	Hülsenfrucht	Gesamtpolyphenole*	Weitere »Verjüngungsstoffe« (Auswahl)	E*	F*	KH*	BST*	kcal*
1	Linsen	3700 mg	Folsäure, Vitamin B_1, B_5 und B_6 Magnesium, Kalium	20 g	2 g	41 g	20 g	300
2	Schwarze Bohne	1400 mg	Vitamin B_1	22 g	1 g	62 g	16 g	550
3	Ackerbohne (Saubohne)	1200 mg	Vitamin B_1 und B_6, Folsäure Phosphat, Kalium ! hoher Puringehalt, mittlerer Oxalsäuregehalt	21 g	2 g	35 g	23 g	280
4	Erbse	140 mg	Folsäure, Vitamin B_1, B_2 und B_5, Vitamin K Magnesium, Kalium	23 g	1 g	41 g	17 g	310
5	Zuckerschote	k.A.	Vitamin B_1 und B_3, Vitamin C	7 g	1 g	14 g	5 g	70
6	Weiße Bohne	140 mg	Vitamin B_1 und B_6 Magnesium, Kalium	21 g	2 g	35 g	20 g	260
7	Stangenbohne	110 mg	Folsäure, Vitamin B_1 und B_6 Kalium, Magnesium, Phosphor, Eisen ! nicht roh verzehren (enthält Phasin)	20 g	2 g	35 g	2 g	230
8	Kichererbse	k.A.	! Einweichen vor dem Garen senkt den Phytatgehalt	8 g	3 g	21 g	17 g	140

* Ca.-Angaben pro 100 g

Nüsse/Schalenfrüchte: die Topkandidaten

Nr.	Nuss	Gesamtpolyphenole*	Weitere »Verjüngungsstoffe« (Auswahl)	E*	F*	KH*	BST*	kcal*
1	Edelkastanie	2760 mg	Omega-3-Fettsäure Vitamin B_1, B_2 und B_6, Vitamin C	3 g	2 g	41 g	8 g	200
2	Walnuss	1580 mg	Omega-3-Fettsäure Vitamin E Phosphat, Magnesium ! geringer Puringehalt	17 g	63 g	11 g	6 g	650
3	Pistazie	1420 mg	Omega-3-Fettsäure Folsäure, Vitamin E Kalium	21 g	52 g	12 g	11 g	560
4	Haselnuss	670 mg	Omega-3-Fettsäure Vitamin B_5, Vitamin E Phosphat, Kalzium, Magnesium	14 g	61 g	11 g	8 g	630
5	Mandel	290 mg	Omega-3-Fettsäure Vitamin B_3, Vitamin E Kalzium, Magnesium, Kalium, Phosphor ! geringer Puringehalt	22 g	54 g	5 g	14 g	590

* Ca.-Angaben pro 100 g

Kräuter und Pilze: die Topkandidaten

Kräuter (getrocknet)

Nr.	Kräuter	Gesamtpolyphenole*	Weitere »Verjüngungsstoffe« (Auswahl)	E*	F*	KH*	BST*	kcal*
1	Basilikum (getrocknet)	4320 mg	Betacarotin, Vitamin B_3 Phosphor, Magnesium, Kalzium, Kalium, Eisen, Zink	14 g	4 g	16 g	18 g	270
2	Salbei (getrocknet)	2920 mg	Vitamin B_1, B_2 und B_3 Kalium, Magnesium, Kalzium	11 g	13 g	43 g	18 g	350
3	Rosmarin (getrocknet)	2520 mg	Vitamin B_1	5 g	15 g	46 g	18 g	340
4	Thymian (getrocknet)	1820 mg	Vitamin B_1 B_2 und B_3 Kalzium, Magnesium, Kalium, Zink, Eisen	9 g	7 g	45 g	19 g	330
5	Sauerampfer (getrocknet)	350 mg	Betacarotin, Vitamin B_1, B_2, B_3, B_5 und B_6, Vitamin C, Vitamin E	39 g	4 g	13 g	24 g	310
6	Liebstöckel (frisch)	263 mg	Betacarotin, Vitamin C, Eisen	34 g	1 g	5 g	3 g	50
7	Pfefferminze (getrocknet)	k.A.	Vitamin B_3, Folsäure, Vitamin C Phosphor, Kalzium	12 g	2 g	16 g	10 g	160

* Ca.-Angaben pro 100 g

Pilze

Nr.	Pilze	Gesamtpolyphenole*	Weitere »Verjüngungsstoffe« (Auswahl)	E*	F*	KH*	BST*	kcal*
1	Igel-Stachelbart	k.A.	Erinacine	2 g	0 g	7 g	k.A.	30
2	Austernpilz	k.A.	Vitamin B_3 Pleuran (Betaglucan) ! mittlerer bis hoher Puringehalt	3 g	0 g	3 g	6 g	40
3	Steinpilz	k.A.	Vitamin B_2, B_3 und B_5 Selen ! hoher Puringehalt	5 g	0 g	0 g	6 g	40

* Ca.-Angaben pro 100 g
E = Eiweiß, F = Fett; KH = Kohlenhydrate, BST = Ballaststoffe (lösliche und unlösliche), kcal = Kilokalorien

» Die ausführliche Liste von Professor Eckert mit Angabe der einzelnen Polyphenole und Gehalt der Inhaltsstoffe finden Sie über diesen im Internet unter https://www.gu.de/ruge_quellenverzeichnis/. Oder Sie scannen einfach diesen QR-Code. «

Sind Sie neugierig, was sich Stephan Hentschel ausgedacht hat, um die Gemüsehits von Professor Eckert ins Rampenlicht zu rücken und ihnen den Platz auf unseren Tellern einzuräumen, den sie verdient haben? Dann blättern Sie doch einfach mal weiter …

Rezepte

Salate & Vorspeisen

Rote Bete mit Kümmel und Blauschimmel

2 Rote Bete
Salz (am besten Meersalz)
2 TL Kümmel
2 Zweige Thymian
2 EL Rapsöl
100 g Blauschimmelkäse
(z.B. Gorgonzola oder Roquefort;
nach Belieben)

Für 2 Personen
Pro Portion: ca. 330 kcal, 11 g E, 25 g F, 10 g KH, 3 g BST

1 Den Backofen auf 180° (Umluft) vorheizen. Die Roten Bete waschen und jeweils mit etwas Salz, ½ TL Kümmel und 1 Zweig Thymian in Alufolie einschlagen. Im Ofen 30–40 Min. backen. Wenn man mit einem Zahnstocher hineinsticht, sollen sie weich sein. Wenn nicht, noch ein paar Minuten länger im Ofen lassen.

2 Die Roten Bete herausnehmen, aus der Folie wickeln und abkühlen lassen. Anschließend schälen und in Spalten schneiden oder grob zerreißen.

3 Den verbliebenen Kümmel in einer Pfanne ohne Fett rösten, bis er zu duften beginnt. Im Mörser oder mit der flachen Klinge eines schweren Messers grob zerkleinern.

4 Die Roten Bete mit Rapsöl und zerstoßenem Kümmel marinieren. Mit Salz abschmecken. Auf zwei Tellern oder einer Platte anrichten und den Blauschimmelkäse darüberzupfen. Mit Vollkorn- oder Nussbrot servieren.

Info

»Blauschimmelkäse muss lange reifen – und je älter ein Käse ist, desto mehr probiotische Eigenschaften hat er. Daher sind Roquefort und Co gut für das Darmmikrobiom. Wissenschaftler vermuten zudem, dass in Blauschimmelkäse während der Reifung Stoffe mit entzündungshemmender Wirkung entstehen. Wichtig: Der Käse muss aus Rohmilch gewonnen sein (was auf der Verpackung angegeben wird).«

Grüner Spargel mit Roten Johannisbeeren

1 Bund grüner Spargel (ca. 500 g)
½ rote Zwiebel
1 Zweig Rosmarin
120 g Rote Johannisbeeren
2 EL Olivenöl
Salz
Saft von ½ Zitrone
1 TL Apfelsüß (Rezept Seite 183)
50 g Parmesan

Für 2 Personen
Pro Portion: ca. 270 kcal, 12 g E, 18 g F, 11 g KH, 5 g BST

1 Den Spargel waschen, hölzerne Enden abschneiden und die Stangen dann in 4–5 cm lange Stücke schneiden. Die Zwiebel schälen und in feine Streifen schneiden. Den Rosmarin abbrausen und trocken schütteln. Die Johannisbeeren waschen und verlesen.

2 Das Olivenöl in einer großen Pfanne erhitzen und den Spargel darin mit 1 Prise Salz ca. 2 Min. braten. Zwiebel und Rosmarin dazugeben und weitere ca. 2 Min. mitbraten. Mit Zitronensaft, Apfelsüß und Salz abschmecken. Zum Schluss die Johannisbeeren zufügen, die Pfanne abdecken und alles noch einmal ca. 5 Min. bei schwacher Hitze ziehen lassen.

3 Vor dem Servieren den Rosmarin entfernen und dafür noch schnell den Parmesan grob über den Spargel reiben.

Info

„Spargel ist reich an Quercetin und dessen Vorstufe Rutin, gut untersuchte sekundäre Pflanzenstoffe, die nicht nur blutdruck- und blutzuckersenkend wirken, sondern dazu auch das Langlebigkeitsenzym Sirtuin 6 aktivieren. Im Labor konnte das an Fadenwürmern nachgewiesen werden.“

Kohlrabisalat mit Oliven und Schnittlauch

2 Kohlrabi
2 EL heller Balsamicoessig
1 EL Zitronensaft
2 EL Olivenöl
Salz
10 große schwarze Oliven (ohne Stein; am besten Kalamata-Oliven)
20 Schwarze Johannisbeeren
2 EL Schnittlauchröllchen
Pfeffer

Für 2 Personen
Pro Portion: ca. 210 kcal, 4 g E, 15 g F, 10 g KH, 4 g BST

1 Den Kohlrabi schälen und in feine Streifen schneiden.

2 Essig, Zitronensaft und Öl verrühren, salzen und die Kohlrabistifte damit marinieren.

3 Die Oliven halbieren. Die Johannisbeeren abbrausen und abtropfen lassen. Beides mit dem Schnittlauch zum Kohlrabi geben und vorsichtig untermengen. Mit Salz und Pfeffer abschmecken.

Info

„Hydroxytyrosol, einer der Hauptbestandteile verschiedener phenolischer Verbindungen in Oliven (sowie im aus ihnen gewonnenen Öl) schützt Blutfette vor oxidativem Stress und kann helfen, das schlechte LDL-Cholesterin zu senken. Wichtig: Machen Sie einen Bogen um billige schwarze Oliven, die oft einfach nur mit künstlichen Farbstoffen gefärbt sind.“

Spinatsalat mit Fenchel und Möhrendressing

Für den Salat:

1 Fenchel
Salz
100 g Spinat
10 Kirschtomaten
1 EL geröstete Pinienkerne

Für das Dressing:

1 Möhre
10 g Ingwer
1 EL Misopaste (kann man notfalls auch weglassen)
20 ml heller Balsamicoessig
20 ml Limettensaft
20 ml Sesamöl (oder ein anderes Nussöl)
1 EL Dattelsirup oder Apfelsüß (Rezept Seite 183)
Salz

Für 2 Personen
Pro Portion: ca. 270 kcal, 7 g E, 15 g F, 22 g KH, 8 g BST

1 Den Fenchel putzen, waschen und auf dem Gemüsehobel fein hobeln bzw. mit einem Messer in hauchdünne Scheiben schneiden. Leicht salzen. Das zarte Grün für die Garnitur beiseitelegen.

2 Den Spinat verlesen, waschen, gründlich abtropfen lassen oder trocken schleudern und ggf. etwas kleiner zupfen. Die Kirschtomaten waschen und halbieren.

3 Für das Dressing die Möhre und den Ingwer schälen und klein schneiden. Mit den restlichen Zutaten (bis auf das Salz) in einen Mixer geben, 30 ml Wasser zufügen und alles kräftig mixen. Mit Salz abschmecken.

4 Spinat, Fenchel und Kirschtomaten auf zwei Tellern oder einer großen Platte anrichten und mit dem Dressing beträufeln. Die gerösteten Pinienkerne aufstreuen und mit Fenchelgrün garnieren.

Info

»Spinat steht im Ruf, relativ viel Nitrat zu enthalten, was auch stimmt – genauso wie sein Gehalt an Oxalsäure recht hoch ist. Auf der anderen Seite ist das Blattgemüse reich an Flavonolen, antioxidativen Pflanzenfarbstoffen. Sein Gehalt an Betacarotin sowie Folsäure und Vitamin C sind ebenfalls beachtlich. Also genießen Sie ihn – in Maßen.«

Roter Chicorée mit Kirschen und Frischkäse

4 rote Chicorées
(ersatzweise Radicchio oder gelber Chicorée)
100 g Frischkäse
(Ziege oder Cashew)

Für das Dressing:

1 Schalotte
100 ml Rapsöl
2 EL heller Balsamicoessig
2 EL Gemüsebrühe
(Rezept Seite 182)
2 EL Apfelsaft
1 EL Senf
1 TL Dattelsirup oder Apfelsüß
(Rezept Seite 183)
Salz, Pfeffer

Für die Kirschen:

10 Kirschen
1 TL schwarze Pfefferkörner
½ TL Kümmel
200 ml Apfelsaft
½ TL Stärke
½ Zweig Rosmarin

Für 2 Personen
Pro Portion: ca. 680 kcal, 8 g E, 56 g F, 31 g KH, 3 g BST

1 Für das Dressing die Schalotte schälen und klein schneiden. Mit Öl, Essig, Brühe, Apfelsaft, Senf und Dattelsirup bzw. Apfelsüß mixen und anschließend durch ein feines Sieb streichen. Mit Salz und Pfeffer abschmecken.

2 Die Kirschen halbieren und entkernen. Pfefferkörner und Kümmel ohne Fett in einem kleinen Topf oder einer Pfanne ca. 5 Min. rösten und dann im Mörser oder in der Pfeffermühle zerkleinern.

3 In einem Topf den Apfelsaft mit der Stärke verrühren. Kirschen, zerstoßenen Pfeffer und Kümmel dazugeben und 5–10 Min. einkochen. Die Konsistenz sollte der Roter Grütze ähneln. Den Rosmarinzweig hinzufügen, den Topf vom Herd nehmen und die Kirschen abkühlen lassen.

4 Währenddessen den Chicorée putzen und grob schneiden. Mit dem Dressing marinieren und abschmecken. Auf Teller verteilen, die erkalteten Kirschen dazugeben und zum Schluss den Frischkäse darüber klecksen.

Info

„Gesunde Bitterstoffe in rotem Chicorée helfen, den Blutzuckerspiegel zu regulieren, sollen das Immunsystem anregen, Entzündungen hemmen und sogar der Krebsprophylaxe dienen. Dass dazu auch noch die Polyphenole aus den dunklen Pflanzenfarbstoffen kommen, macht den Salat für die Longevity-Ernährung doppelt interessant."

Schwarzwurzelsalat mit Rotkohl und Orange

Für 2 Personen
Pro Portion: ca. 500 kcal, 12 g E, 32 g F, 23 g KH, 31 g BST

500 g Schwarzwurzel
Saft von ½ Zitrone
Salz
¼ kleiner Rotkohl
½ Frühlingszwiebel
(am besten nur das Grün)
1 Orange
2 EL heller Balsamicoessig
4 EL Olivenöl
Pfeffer
2 EL Rosinen
½ Handvoll Rucola
50 g geröstete Kürbiskerne

1 Die Schwarzwurzel schälen (am besten geht das in einer großen Schüssel mit Wasser, denn sie sondern manchmal eine klebrige Milch ab). Die Stangen anschließend in 2–3 cm große Stücke schneiden und sofort in Zitronenwasser legen, damit sie nicht braun anlaufen. Die Schwarzwurzel anschließend in Salzwasser ca. 6 Min. kochen. Abgießen und abkühlen lassen.

2 Vom Rotkohl die äußeren Blätter entfernen und den Rest ohne Strunk in feine Streifen schneiden oder hobeln. Sie brauchen ca. 1 Handvoll. Ca. 10 Min. in Eiswasser legen, dann abgießen und trocken tupfen. Die Frühlingszwiebel putzen, waschen und in feine Ringe schneiden.

3 Die Orange so schälen, dass auch die weiße Innenhaut entfernt wird. Mit einem scharfen Messer die einzelnen Filets zwischen den Trennhäutchen herausschneiden. Dabei den Saft auffangen.

4 Für das Dressing den aufgefangenen Orangensaft mit Balsamicoessig und Olivenöl verrühren. Salzen und pfeffern.

5 Schwarzwurzeln, Orangenfilets, Frühlingszwiebelringe und Rosinen zum Dressing geben und alles noch einmal abschmecken. Ca. 10 Min. ziehen lassen.

6 Inzwischen den Rucola waschen, trocken schleudern und in mundgerechte Stücke zupfen. Die Kürbiskerne ohne Fett in einer Pfanne rösten.

7 Kurz vor dem Servieren den Rucola unter den Schwarzwurzelsalat mischen und alles mit den gerösteten Kürbiskernen bestreuen.

Info

„Tolle Langlebigkeitskombi: Schwarzwurzeln sind reich an Inulin, ein löslicher Ballaststoff, der den Aufbau der gesunden Darmflora unterstützt. Rotkohl enthält u.a. Senfölglykoside, Anthocyane (rote Pflanzenfarbstoffe) und Lignane (Phytoöstrogene), die womöglich alle vor Krebs schützen können. Außerdem liefert er genauso wie die Orange viel Vitamin C, das als Antioxidans und Radikalenfänger aktiv zur Regeneration der Zellen beiträgt.“

Gurken-Granité mit Minze und Dill

Für 2 Personen
Pro Portion: ca. 130 kcal, 1 g E, 10 g F, 7 g KH, 1 g BST

Für das Granité:

1 Bio-Gurke
100 ml Gewürzgurkensaft
(aus dem Glas)

Für die Gurken:

½ Bio-Gurke
1 Gewürzgurke
2 EL heller Balsamicoessig
2 EL Rapsöl
je 2 Stängel Dill und Minze
Salz

1 Für das Granité die Gurke waschen, die Enden abschneiden und die Gurke dann zuerst im Mixer pürieren, danach noch durch ein feines Sieb streichen.

2 Vom so entstandenen Saft 400 ml abmessen und mit dem Gewürzgurkensaft verrühren. In einem flachen Gefäß 3–4 Std. einfrieren. Dabei gelegentlich mit einer Gabel durchrühren, damit eine kristalline Masse entsteht, die sich später gut mit einem Löffel portionieren lässt. (Alternativ nach dem Frieren das Eis mit einer Gabel abkratzen.)

3 Die verbliebene halbe Gurken waschen, der Länge nach halbieren, das Kerngehäuse herauskratzen und das Fruchtfleisch in kleine Würfel schneiden (falls Sie die Gurke schon früher vorbereiten, können Sie die Kerne für den Gurkensaft fürs Sorbet mitpürieren). Mit Balsamicoessig, Öl und Salz abschmecken. Die Gewürzgurke ebenfalls fein würfeln und dazugeben.

4 Die Kräuter abbrausen, trocken schütteln, die Spitzen bzw. Blätter abzupfen und fein hacken. Die Hälfte davon mit den marinierten Gurken vermengen.

5 Zum Anrichten die Gurken auf Tellern verteilen, mit Granité bedecken und mit den restlichen Kräutern garnieren. Perfekt für heiße Tage!

Tipp

» Zugegeben: »Verjüngungstechnisch« spielen Gurken nicht gerade in der obersten Liga. Sie zählen aber in Deutschland zum beliebtesten Gemüse, weshalb Stephan Hentschel sich auch dazu ein Rezept überlegt hat. Seine Empfehlung: 1. Bioware kaufen. 2. Nicht schälen, weil sich die wenigen ernährungsphysiologisch relevanten Wirkstoffe in der Schale befinden. «

Roter Salat mit Linsendressing

100 g grüne Linsen
2 Hände voll Roter Blattsalat
(z.B. Lollo Rosso, dunkler Eichblatt, Radicchio, Forellenblatt etc.)
1 TL Fenchelsaat oder Kümmel
1 TL grober Senf
1 TL Apfelessig
1 TL Zitronensaft
1 EL Rapsöl
100 ml Gemüsebrühe
(Rezept Seite 182)
Salz
2 EL Sprossen (z.B. Radieschen oder Brokkoli)

Für 2 Personen
Pro Portion: ca. 210 kcal, 12 g E, 6 g F, 21 g KH, 9 g BST

1 Die Linsen zunächst in einem Sieb gründlich abspülen und dann in kochendem Wasser ohne Salz (!) ca. 30 Min. garen. Abgießen, abtropfen lassen und in eine Schüssel geben.

2 Den Salat waschen, trocken schleudern und in mundgerechte Stücke zupfen.

3 Fenchelsaat bzw. Kümmel in einer kleinen Pfanne ohne Fett rösten, bis sie zu duften beginnen. Anschließend im Mörser oder mit der flachen Klinge eines schweren Messers grob zerkleinern.

4 Senf, Essig, Zitronensaft und Rapsöl verrühren. Gemüsebrühe und Fenchelsaat bzw. Kümmel dazugeben und das Dressing mit Salz abschmecken. Über die Linsen geben und einmal gründlich durchmischen.

5 Den Salat auf Teller verteilen und das Linsendressing darübergeben. Die Sprossen abbrausen, vorsichtig trocken tupfen und den Salat damit garnieren.

Tipp

»Linsen sind wie alle Hülsenfrüchte sehr proteinreich und im Gegensatz zu tierischem Eiweiß deutlich besser für die Herzgesundheit. Weiteres Plus: ihr Gehalt an den drei essenziellen verzweigtkettigen Eiweißbausteinen Isoleucin, Leucin und Valin, die als Energiequelle maßgeblich am Muskelaufbau beteiligt sind und deren Versorgung mit zunehmendem Alter abnimmt. Zu erwähnen ist zudem ihr (wenn auch geringer) Gehalt an Resveratrol: Zumindest im Labor kann dieser Stoff das Leben von Fadenwürmern deutlich verlängern.«

Spargel mit Haselnuss und Zitrone

400 g weißer Spargel (im Winter gerne auch Schwarzwurzeln)
2 EL Olivenöl
1 EL Ahornsirup
1 Bio-Zitrone
Salz, Pfeffer
100 g geröstete Haselnüsse (grob gehackt)
½ Bund Kresse

Für 2 Personen
Pro Portion: ca. 480 kcal, 11 g E, 41 g F, 10 g KH, 6 g BST

1 Den Spargel schälen, holzige Enden abschneiden und dicke Stangen der Länge nach halbieren. Anschließend in ca. 5 cm lange Stücke schneiden.

2 In einer Pfanne das Olivenöl erhitzen und den Spargel darin ca. 3 Min. anbraten. In eine Schüssel umfüllen und mit Ahornsirup beträufeln.

3 Die Zitrone so schälen, dass auch die weiße Innenhaut entfernt wird. Mit einem scharfen Messer die einzelnen Fruchtfilets zwischen den Trennhäutchen herausschneiden. Dabei den Saft auffangen (die Reste der Zitrone auch noch einmal ausdrücken).

4 Zitronensaft und -filets zum Spargel geben, alles vorsichtig miteinander vermengen und mit Salz und Pfeffer abschmecken. Den Salat ca. 10 Min. ziehen lassen und dann mit Kresse und gehackten Haselnüssen garniert servieren.

Info

»Haselnüsse glänzen durch ihren hohen Gehalt an Vitamin E in Form von Alpha-Tocopherol, das stark antioxidativ wirkt, das Cholesterin leicht senken und die Muskelzellen schützen kann. Darüber hinaus wird ihm eine Schutzwirkung vor Diabetes, Thrombosen, Arteriosklerose, chronischen Entzündungen und neurodegenerativen Erkrankungen zugeschrieben. Noch ein Plus: In den Nüssen steckt reichlich Kalzium und Magnesium – und zwar exakt in dem Verhältnis, wie sie auch in unserem Körper vorkommen (2:1).«

Asiatischer Krautsalat mit grüner Paprika

Für 2 Personen
Pro Portion: ca. 430 kcal, 13 g E, 29 g F, 20 g KH, 9 g BST

Für den Salat:

250 g Weißkohl
1 grüne Paprika
1 Möhre
50 g geröstete Erdnüsse
2 Stängel Koriander oder Petersilie

Für das Dressing:

1 EL Sesamöl, geröstet
(alternativ Mandel- oder Rapsöl)
1 EL Rapsöl
3 EL heller Balsamicoessig
2 EL Sojasauce
1 EL Zitronensaft
1 EL Dattelsirup
2 EL Mandelbutter
(Rezept Seite 183; ersatzweise Sesampaste)
Salz

1 Vom Weißkohl die äußeren Blätter entfernen und den Rest mit dem Gemüsehobel oder einem scharfen Messer in feine Streifen hobeln bzw. schneiden.

2 Die Paprika waschen, halbieren und entkernen. Die Möhre schälen. Beide ebenfalls in feine Streifen schneiden.

3 Für das Dressing beide Öle, Balsamicoessig, Sojasauce, Zitronensaft, Dattelsirup und Mandelbutter in einer Schüssel miteinander verrühren und mit Salz abschmecken.

4 Das vorbereitete Gemüse dazugeben und gründlich untermengen. Den Salat anschließend ca. 2 Std. kalt stellen und gut durchziehen lassen. Dabei gelegentlich umrühren.

5 Den Salat rechtzeitig auf Zimmertemperatur bringen. Vor dem Servieren ein letztes Mal abschmecken, noch schnell mit den gerösteten Erdnüssen bestreuen und den Koriander bzw. die Petersilie darüberzupfen.

Info

„Weißkohl taucht mit nur 15 mg Gesamtpolyphenolen zwar erst weiter unten auf unserer Gemüse-Hitliste auf, besticht dann aber durch seinen Gehalt an Lignanen wie dem Pinoresinol, für das zumindest schon in der Reagenzschale positive Auswirkungen auf die Gesundheit beschrieben wurden."

Topinamburtatar mit Apfel-Sellerie-Salsa

Für das Tatar:

500 g Topinambur
2 Stängel Petersilie

Für die Salsa:

1 Schalotte
¼ kleiner Apfel (ohne Kerngehäuse)
1 EL Kapern
100 ml Rapsöl
2 EL heller Balsamicoessig
2 EL Gemüsebrühe (Rezept Seite 182)
2 EL Apfelsaft
1 EL Senf
1 TL Dattelsirup oder Apfelsüß (Rezept Seite 183)
Salz, Pfeffer
2 EL klein gewürfelter Sellerie (gekocht)

Für 2 Personen
Pro Portion: ca. 640 kcal, 7 g E, 50 g F, 21 g KH, 31 g BST

1 Den Backofen auf 160° (Umluft) vorheizen. Die Topinambur waschen und mit einer Gemüsebürste kräftig abschrubben. Auf einem Blech oder in einer Form im Ofen ca. 40 Min. backen. Herausnehmen und auskühlen lassen.

2 Die Ofentemperatur auf 200° hochdrehen. Die Topinambur halbieren, das Innere mit einem Löffel herauskratzen und mit einer Gabel grob zerkleinern. Die Schale im Ofen nochmals 10–15 Min. knusprig rösten. Herausnehmen, abkühlen lassen und grob zu Chips zerbrechen.

3 Für die Salsa die Schalotte schälen, fein schneiden und in einer Pfanne mit 1 EL Rapsöl ca. 2 Min. anschwitzen. Den Apfel klein würfeln. Die Kapern hacken.

4 In einer Schüssel Öl, Essig, Brühe, Apfelsaft, Senf, Dattelsirup bzw. Apfelsüß verrühren und mit Salz und Pfeffer abschmecken. Den Sellerie, die Schalotten- und Apfelwürfelchen sowie die gehackten Kapern unterheben.

5 Die zerkleinerte Topinambur auf Teller verteilen und die Apfel-Sellerie-Salsa darübergeben. Die Petersilie darüberzupfen und das Tatar mit den knusprigen Topinamburchips garnieren.

Info

» Topinambur sättigt duch den hohen Inulingehalt lang – gut, wenn Sie intervallfasten und morgens aufs Frühstück verzichten wollen. Der Ballaststoff regt außerdem die Verdauung an und »füttert« das Darmmikrobiom. Und Inulin verhindert, dass andere Kohlenhydrate zu rasch ins Blut gelangen und dort Zuckerspitzen verursachen, was Heißhunger verusacht und auf Dauer sogar die Entstehung von Diabetes begünstigen kann. «

Bittersalat mit Apfel und Frischkäse

1 kleiner Radicchio
1 Chicorée
1 Bund Rucola
½ rote Zwiebel
1 Apfel
50 ml Apfelsaft
1 TL Apfelsüß (Rezept Seite 183)
1 EL grober Senf
50 ml Gemüsebrühe
(Rezept Seite 182)
1 EL heller Balsamicoessig
2 EL Olivenöl
100 g Frischkäse
(Ziege oder Cashew)
¼ Bund Schnittlauch
Salz, Pfeffer

Für 2 Personen
Pro Portion: ca. 320 kcal, 8 g E, 17 g F, 30 g KH, 4 g BST

1 Rucola, Radicchio und Chicorée waschen und trocken schleudern bzw. trocken tupfen. Radicchio und Chicorée in feine Streifen schneiden.

2 Die Zwiebel schälen und ebenfalls in feine Streifen schneiden. Den Apfel waschen, trocken reiben, vierteln, entkernen und in ca. 0,5 cm dicke Streifen schneiden.

3 Für das Dressing Apfelsaft, Apfelsüß, Senf, Brühe, Balsamicoessig und Olivenöl miteinander verrühren. Nach Geschmack salzen und pfeffern. Den Käse grob zerpflücken und untermischen.

4 Die drei Salate, die Zwiebelstreifen und Apfelstifte in eine Schüssel geben, das Dressing zufügen und alles vorsichtig mit den Händen vermengen. Der Käse soll verschmieren, aber noch stückig bleiben. Zum Schluss noch einmal mit Salz und Pfeffer abschmecken.

Info

„In bitter schmeckenden Salaten wie Radicchio und Chicorée finden sich Lactucin und Lactucopikrin. Diese beiden Bitterstoffe wirken beruhigend und entzündungshemmend, es gibt sogar erste Hinweise, dass sie womöglich das Voranschreiten neurodegenerativer Erkrankungen wie Demenz verzögern könnten.“

Spinat-Brombeer-Salat mit Roter Bete und Walnuss

200 g Blatt- oder Babyspinat
1 Rote Bete
10 Brombeeren
3 EL Sojasauce
2 EL Sesamöl
2 EL Walnussöl
2 EL Balsamico- oder Apfelessig
1 EL Apfelsüß (Rezept Seite 183)
Salz
60 g Walnusskerne
2 EL Rote-Bete-Sprossen (ersatzweise Alfalfa- oder Rotkohlsprossen)

Für 2 Personen
Pro Portion: ca. 510 kcal, 10 g E, 40 g F, 19 g KH, 5 g BST

1 Den Spinat verlesen, waschen, trocken schleudern und in mundgerechte Stücke zupfen.

2 Die Roten Bete schälen und auf einer Gemüsereibe grob reiben. Die Brombeeren kurz abbrausen, vorsichtig trocken tupfen und dann halbieren.

3 Sojasauce, Sesam- und Walnussöl, Essig und Apfelsüß verrühren. Die Rote-Bete-Raspel untermengen und alles mit Salz abschmecken. Ca. 10 Min. ziehen lassen.

4 Währenddessen die Walnusskerne hacken. Die Sprossen abbrausen und gut abtropfen lassen.

5 Brombeeren und Spinat vorsichtig unter die Roten Bete heben und nochmals abschmecken. Mit den gehackten Walnusskernen und den Sprossen bestreut servieren.

Info

„Grünes Licht für Rot: Brombeeren enthalten wie alle dunklen Früchte viele Anthocyane, in diesem Fall Cyanidin, das übrigens auch in Walnüssen steckt. Möglicherweise aktiviert dieser Pflanzenfarbstoff bestimmte Gene, die unseren Körper schützen, während sie gleichzeitig solche, die ihm schaden, blockieren. Betain, der Farbstoff in Roter Bete, wiederum fängt als Antioxidans freie Radikale ab und stärkt das Immunsystem. Außerdem enthält das Wurzelgemüse viel Folsäure und Eisen, die beide wichtig sind für die Bildung der roten Blutkörperchen. Aber Vorsicht: Die dunklen Knollen sind auch reich an Nitrat und Oxalsäure (Spinat übrigens auch). Daher besser nicht so häufig verzehren.“

Dicke Bohnen mit Löwenzahn und Kräuterkartoffeln

Für 2 Personen
Pro Portion: ca. 370 kcal, 6 g E, 23 g F, 29 g KH, 4 g BST

1 Die Kartoffeln waschen und dann mit den Gewürzen in kochendem Salzwasser 20–25 Min. garen. Abgießen, leicht abkühlen lassen und pellen. In etwa würfelzuckergroße Stücke schneiden und diese in eine Schüssel geben.

2 Für den Fond die Zwiebel und den Knoblauch schälen und fein würfeln. In einem kleinen Topf das Öl erhitzen. Zwiebeln, Knoblauch und Kräuter einige Min. darin anschwitzen. Balsamicoessig, Senf und Gemüsebrühe dazugeben, umrühren und alles einmal kurz aufkochen lassen.

3 Den heißen Fond über die Kartoffelwürfelchen gießen. Kapern und Kräuter hacken, dazugeben und alles gut miteinander vermischen. Mit Salz und Pfeffer abschmecken.

4 Die gekochten dicken Bohnen mit Olivenöl und Zitronensaft marinieren und mit Salz und Pfeffer abschmecken. Den Löwenzahn waschen, trocken schleudern und in mundgerechte Stücke zupfen. Unter die Bohnen heben und diese mit den Kartoffeln servieren. Dazu passt – wer's mag – gekochtes oder pochiertes Ei, Rührei oder Spiegelei (natürlich am besten bio).

Für die Kartoffeln:

300 g festkochende Kartoffeln
1 Lorbeerblatt
1 EL Salz
1 Zweig Rosmarin
10 Pimentkörner

Für den Fond:

30 g Zwiebel
1 Knoblauchzehe
25 ml Pflanzenöl
30 ml weißer Balsamicoessig
1 TL Senf
100 ml Gemüsebrühe
(Rezept Seite 182)
1 TL Kapern
je 5 g Dill, Schnittlauch und Petersilie (ersatzweise und je nach Saison Melisse, Estragon und Kerbel)
Salz, Pfeffer

Für die Bohnen:

50 g dicke weiße Bohnen (gekocht)
2 EL Olivenöl
1 EL Zitronensaft
Salz, Pfeffer
1 Bund Löwenzahn

Tipp

»Löwenzahn ist einer der besten Lieferanten für natürliche Bitterstoffe. Wenn es die Saison also zulässt: unbedingt zuschlagen. Schmeckt auch als »normaler« Salat (gerne auch gemischt mit anderen Salatsorten) oder im grünen Smoothie.«

Rosenkohl mit Trauben und Walnuss

250 g Rosenkohl
50 g süße kernlose Trauben
40 g Walnusskerne
2 EL Rapsöl
Salz
1 EL Olivenöl
2 TL weißer Balsamicoessig
1 TL gehackte Petersilie
Pfeffer
geriebene Muskatnuss
10 g Parmesan (ersatzweise anderer Hartkäse)

Für 2 Personen
Pro Portion: ca. 360 kcal, 9 g E, 30 g F, 8 g KH, 6 g BST

1 Vom Rosenkohl unten etwas abschneiden und die äußeren, unansehnlichen Blätter entfernen. Mit einem spitzen Messer den Strunk recht tief kegelförmig ausschneiden, die Knöllchen dann mit den Fingern auseinanderbrechen und die Blätter voneinander lösen. Die Trauben waschen und quer halbieren.

2 Die Walnusskerne vierteln, in 1 EL Rapsöl anrösten, leicht salzen und auf Küchenkrepp trocknen lassen.

3 In einer großen Pfanne das verbliebene Rapsöl mit dem Olivenöl erhitzen und den Rosenkohl darin anbraten. Die Blätter sollen rundum braune Röststellen bekommen, also immer wieder mal mit dem Rührlöffel wenden.

4 Den noch bissfesten Kohl mit Balsamicoessig ablöschen und umrühren. Dann Trauben, Nüsse und gehackte Petersilie zugeben und alles vorsichtig vermischen. Mit Salz, Pfeffer und etwas Muskatnuss abschmecken.

5 Auf Tellern anrichten und kurz vor dem Servieren noch schnell den Parmesan darüberreiben.

Info

» In blauen Trauben steckt Resveratrol, das als Langlebigkeitsstoff schon seit Längerem auf dem Radar der Wissenschaft ist, weil es in Tierstudien positiv bei Typ-2-Diabetes, Adipositas, Herz-Kreislauf-Erkrankungen und neurologischen Problemen wirken kann. In Kombination mit Spermidin, von dem in Trauben ebenfalls Spuren zu finden sind, könnte es die Autophagie verstärken. Weiteres Langlebigkeitsplus dieses Salats: Die Walnusskerne darin liefern jede Menge pflanzliche Omega-3-Fettsäure (Alpha-Linolensäure). «

Dips für Rohkost

Sie knabbern gerne rohes Gemüse? Dann sind Sie hier richtig! Diese vier Rezepte eignen sich hervorragend als Dips zu Fenchel, grüner Paprika, Kohlrabi, Möhre und Co. Genauso gut schmecken sie aber auch als vegane Aufstriche auf einer Scheibe Vollkornbrot.

Möhre, Brokkoli und Pilze

Für ca. 500 g
Pro Portion/Aufstrich (1 EL): ca. 50 kcal, 2 g E, 4 g F, 1 g KH, 1 g BST
Pro Portion/Dip (100 g): ca. 220 kcal, 8 g E, 17 g F, 5 g KH, 5 g BST

150 g Brokkoli
150 g Möhren
120 g Pilze (z.B. Champignons)
20 g Schalotten
2 EL Rapsöl
40 g gekochte Kartoffel
120 g geröstete Mandeln
20 g Sojasauce
Saft von ¼ Limette
Salz, Pfeffer

Den Brokkoli putzen, waschen und in kleine Röschen gleicher Größe teilen. Die Möhre schälen und in Stücke schneiden. Die Pilze putzen und klein schneiden. Die Schalotte schälen und in feine Ringe schneiden.
Brokkoli und Möhren in wenig kochendem Salzwasser ca. 2 Min. blanchieren. Etwas Rapsöl in einer Pfanne erhitzen und die Pilze darin anbraten. Die Schalotten dazugeben und kurz mit anschwitzen.
Das blanchierte Gemüse, den Pilz-Schalotten-Mix, die Kartoffel, Mandeln und Sojasauce mit dem Limettensaft im Mixer zu einer cremigen Masse pürieren. Zum Schluss mit Salz und Pfeffer abschmecken.

Rote Bete, Fenchel und Chicorée

Für ca. 500 g
Pro Portion/Aufstrich (1 EL):
ca. 30 kcal, 1 g E, 2 g F, 2 g KH, 1 g BST
Pro Portion/Dip (100 g):
ca. 120 kcal, 4 g E, 7 g F, 8 g KH, 4 g BST

100 g Fenchel
100 g Apfel
80 g Chicorée
200 g Rote Bete (gekocht)
60 g Mandeln oder Cashewkerne
2 TL Meerrettich
Saft von ½ Limette
Salz, Pfeffer

Den Fenchel putzen, waschen und in Stücke schneiden. In wenig kochendem Salzwasser ca. 2 Min. blanchieren.
Den Chicorée waschen und in Ringe schneiden. Den Apfel würfeln, dabei auch das Kerngehäuse entfernen. Die Roten Bete klein schneiden.
Alles mit den Mandeln bzw. Cashewkernen, dem Meerrettich und dem Limettensaft im Mixer zu einer homogenen Creme pürieren und zum Schluss noch mit Salz und Pfeffer würzen.

Möhre, Paprika und Mais

Für ca. 500 g
Pro Portion/Aufstrich (1 EL):
ca. 100 kcal, 1 g E, 9 g F, 3 g KH, 1 g BST
Pro Portion/Dip (100 g):
ca. 420 kcal, 4 g E, 38 g F, 11 g KH, 2 g BST

90 g Möhre
90 g rote Paprika
90 g Mais (gekocht; aus der Dose)
70 g Süßkartoffel (gekocht; ersatzweise Kartoffel)
90 g geröstete Cashewkerne oder Mandeln
50 ml Olivenöl
100 ml Rapsöl
Saft von ¼ Limette
½ TL Currypulver
Cayennepfeffer
geriebene Muskatnuss
Salz

Die Möhren schälen, die Paprika putzen und waschen. Beide grob zerteilen und ca. 2 Min. in einem Topf mit wenig kochendem Salzwasser blanchieren.
Das Gemüse abgießen. Mit Mais, Kartoffeln, Cashewkernen bzw. Mandeln, beiden Ölen, Limettensaft und Curry im Mixer zu einer feinen Creme pürieren. Nach Geschmack mit Cayennepfeffer, Muskatnuss und Salz würzen.

Schalotten, Knoblauch und Sesam

Für ca. 500 g
Pro Portion/Aufstrich (1 EL):
ca. 70 kcal, 2 g E, 5 g F, 2 g KH, 1 g BST
Pro Portion/Dip (100 g):
ca. 270 kcal, 8 g E, 21 g F, 9 g KH, 4 g BST

250 g Schalotten
2 Knoblauchzehen
2 EL Olivenöl
120 g heller Sesam
60 g Cashewkerne oder Mandeln
5 g gemahlener Kreuzkümmel oder Kümmel
25 ml Limettensaft
geriebene Muskatnuss
Salz, Pfeffer

Schalotten und Knoblauch schälen und klein schneiden. Mit dem Olivenöl bei geringer Hitze langsam anschwitzen, bis sie leicht gebräunt sind. Dann den Sesam dazugeben und mitrösten.
Alles mit den Cashewkernen bzw. Mandeln, dem Limettensaft und dem Kreuzkümmel bzw. Kümmel in den Mixer geben und fein pürieren. Mit Muskatnuss, Salz und Pfeffer abschmecken.

Suppen & Eintöpfe

Petersilienwurzel-cremesuppe mit geröstetem Vollkornbrot

200 g Petersilienwurzel (ersatzweise Pastinake)
100 g Knollensellerie
1 Lauch
1 Zwiebel
1 Knoblauchzehe
2 Scheiben Vollkornbrot
4 EL Raps- oder Mandelöl
4 Zweige Thymian
600 ml Gemüsebrühe (Rezept Seite 182)
1 EL Apfel- oder heller Balsamicoessig
1 EL Zitronensaft
1 TL Apfelsüß (Rezept Seite 183)
Salz
20 Johannisbeeren

Für 2 Personen
Pro Portion: ca. 390 kcal, 9 g E, 21 g F, 33 g KH, 11 g BST

1 Die Petersilienwurzel und den Sellerie schälen und würfeln. Den Lauch putzen, waschen und nur das Weiße in Ringe schneiden. Zwiebel und Knoblauch schälen und klein schneiden.

2 Das Brot in 1–2 cm große Würfel schneiden und zusammen mit 2 Zweigen Thymian in 2 EL Öl ca. 5 Min. in einer Pfanne rösten.

3 Das restliche Öl in einem Topf erhitzen. Zwiebeln und Knoblauch darin ca. 3 Min. anschwitzen. Petersilienwurzel, Sellerie und Lauch dazugeben und weitere ca. 3 Min. mit anschwitzen. Mit Brühe aufgießen und das Gemüse anschließend bei geschlossenem Deckel ca. 10 Min. weich kochen.

4 Alles mit dem Stabmixer pürieren und mit Essig, Zitronensaft, Apfelsüß und Salz abschmecken.Nochmals erhitzen, den verbliebenen Thymian mit in den Topf geben und noch ca. 5 Min. in der Suppe ziehen lassen. Während dessen die Johannisbeeren abbrausen und abtropfen lassen.

5 Die Suppe auf tiefe Teller verteilen und mit den gerösteten Brotcroûtons und den Johannisbeeren anrichten.

Tipp

„Um Petersilienwurzeln von Pastinaken zu unterscheiden, schaut sich der Kenner den Blattansatz an: Bei der Petersilienwurzel wölbt er sich nach oben, bei Pastinaken ist er nach nach innen eingesunken. Geschmacklich ist Pastinake etwas süßer, wie Möhre, während Petersilienwurzel eher an Knollensellerie erinnert."

Kürbistopf mit Mungbohnen und Zitronenthymian

100 g Mungbohnen (ersatzweise gekochte weiße Bohnen)
200 g Kürbis (Butternut, Muskat, Pattison)
100 g Möhren
1 rote Zwiebel (ca. 50 g)
1 Artischockenherz (nach Belieben; Rezept Seite 108)
2 EL Olivenöl
Salz
1 Lorbeerblatt
1 TL Dattelsirup oder Apfelsüß (Rezept Seite)
600 ml Gemüsebrühe (Rezept Seite 182)
¼ Bio-Zitrone
4 Zweige Zitronenthymian (ersatzweise Thymian)
Pfeffer

Für 2 Personen
Pro Portion: ca. 310 kcal, 14 g E, 11 g F, 31 g KH, 12 g BST

1 Die Mungbohnen über Nacht in einer Schüssel mit kaltem Wasser einweichen. Am nächsten Tag abgießen und kurz abspülen. Mit neuem Wasser aufsetzen und ohne (!) Salz ca. 30 Min. garen. In ein Sieb abgießen, abtropfen lassen und in eine Schüssel geben.

2 Den Kürbis schälen, die Kerne entfernen und das Fruchtfleisch in Würfel schneiden. Die Möhren und Zwiebel schälen und fein würfeln. Ggf. das Artischockenherz ebenfalls in Würfel schneiden.

3 In einem großen Topf das Olivenöl erhitzen. Möhren und Zwiebel darin ca. 3 Min. anschwitzen. Etwas salzen. Kürbis, Lorbeerblatt und Dattelsirup bzw. Apfelsüß dazugeben und mit Gemüsebrühe aufgießen. Zugedeckt ca. 10 Min. leicht köcheln lassen.

4 Die Zitrone in Scheiben schneiden. Mit den Mungbohnen bzw. gekochten weißen Bohnen, dem Thymian und ggf. den Artischocken zum Kürbis geben. Den Topf vom Herd ziehen und das Gemüse noch ca. 10 Min. ziehen lassen. Erst dann mit Salz und Pfeffer abschmecken.

Info

»Zu Professor Eckerts Enttäuschung bringt der intensiv orange gefärbte Kürbis überraschend wenig Betacarotin mit. Dafür punktet er mit dem Flavon Luteolin, ein Antioxidans und Radikalfänger mit entzündungshemmenden Eigenschaften und Schutzfunktion vor UV-Schäden, der möglicherweise auch Herz-Kreislauf-Erkrankungen und Krebs vorbeugen kann.«

Mangoldsuppe mit Kokos und Curry

300 g Mangold
½ Lauch
½ rote Zwiebel
2 EL Sesamöl
½ TL Currypulver
2 EL Sojasauce
300 g Gemüsebrühe oder Pho (Rezept Seite 182 bzw. 183)
200 ml Kokosmilch
Chilipulver
Salz, Pfeffer

Für 2 Personen
Pro Portion: ca. 330 kcal, 7 g E, 28 g F, 6 g KH, 5 g BST

1 Mangold und Lauch putzen und waschen. Den Mangold in ca. 2 cm breite Stücke, den Lauch in feine Ringe schneiden. Die Zwiebel schälen und in Streifen schneiden.

2 In einem Topf das Sesamöl erhitzen. Mangold, Lauch und Zwiebeln bei mittlerer Hitze darin ca. 5 Min. anschwitzen.

3 Currypulver, Sojasauce und Brühe bzw. Pho dazugeben und aufkochen. Nun auch die Kokosmilch sowie 1 Msp. Chilipulver zufügen und alles ca. 10 Min. köcheln lassen. Vor dem Servieren mit Salz und Pfeffer abschmecken.

Info

» Die Blätter des Mangolds enthalten viel Syringinsäure, eine Phenolverbindung, die laut verschiedener Studien offenbar antioxidativ, antimikrobiell, entzündungs- und krebshemmend sowie antidiabetisch wirkt. «

Brokkoli-cremesuppe

½ Zwiebel
½ Brokkoli (200–250 g)
½ Staudensellerie (ca. 100 g)
2 EL Olivenöl
500 ml Gemüsebrühe oder Pho (Rezept Seite 182 bzw. 183)
100 g Erbsen (frisch oder TK)
1 Lorbeerblatt
100 g Sojasahne
1 TL heller Balsamicoessig
1 EL gehackte Petersilie

Für 2 Personen
Pro Portion: ca. 260 kcal, 8 g E, 18 g F, 11 g KH, 6 g BST

1 Die Zwiebel schälen und würfeln. Den Brokkoli und den Staudensellerie putzen, waschen und in Röschen teilen bzw. würfeln.

2 In einem Topf das Öl erhitzen und die Zwiebeln darin bei mittlerer Hitze ca. 3 Min. anschwitzen. Brokkoli und Sellerie dazugeben und ca. 3 Min. mit anschwitzen.

3 Mit Brühe aufgießen, Erbsen und Lorbeer hinzufügen und das Gemüse bei mittlerer Hitze ca. 10 Min. weich kochen.

4 Das Lorbeerblatt herausfischen und die Suppe mit dem Stabmixer fein pürieren. Mit Sojasahne und Balsamicoessig verfeinern und mit Salz abschmecken. Zum Schluss die gehackte Petersilie aufstreuen. Dazu passt Vollkornbrot.

Info

» Das Sulforaphan im Brokkoli ist aufgrund erfolgreicher Laborstudien zu seiner krebshemmenden Wirkung in den Fokus der Forschung gerückt. Darüber hinaus aktiviert er bestimmte Proteinkomplexe, die u. a. die Lebensdauer der Zellen erhöhen sollen. Das milde Kohlgemüse ist aber nicht nur der Superstar unter den Sulforaphan-Lieferanten, sondern neben Pilzen, Spinat und natürlich Algen auch eine der wenigen pflanzlichen Jodquellen. «

Kamilleneintopf mit Möhre und gerösteter Kleie

200 g Möhren
2 Schalotten (ca. 50 g)
1 Knoblauchzehe
1 Artischockenherz
(nach Belieben; Rezept Seite 108)
50 g Weizenkleie
2 EL Kamillenblüten (ersatzweise
4 Beutel Kamillentee)
2 EL Olivenöl
Salz
1 Lorbeerblatt
50 g Erbsen (frisch oder TK)
Pfeffer
Saft von 1/4 Zitrone

Für 2 Personen
Pro Portion: ca. 220 kcal, 6 g E, 11 g F, 15 g KH, 16 g BST

1 Möhren, Schalotten und Knoblauch schälen und in kleine Würfel schneiden. Das Artischockenherz ggf. ebenfalls würfeln.

2 Die Kleie in einer Pfanne ohne Fett bei kleiner Hitze und unter stetem Rühren 8–10 Min. langsam rösten.

3 Die Kamillenblüten mit 500 ml nicht mehr kochendem Wasser übergießen und ca. 3 Min. ziehen lassen. Dann den Tee abgießen.

4 Das Olivenöl in einer Pfanne erhitzen. Schalotten, Knoblauch und Möhren 3–5 Min. darin anschwitzen. Etwas salzen, das Lorbeerblatt zugeben und mit Kamillentee aufgießen. Zugedeckt ca. 10 Min. leicht köcheln lassen.

5 Die Erbsen und ggf. die Artischockenwürfel dazugeben, dann den Topf vom Herd ziehen und das Gemüse noch ca. 10 Min. in der heißen Suppe ziehen lassen. Anschließend mit Salz, Pfeffer und Zitronensaft abschmecken und mit ein paar Tropfen Olivenöl verfeinern. Die geröstete Kleie separat dazu reichen.

Info

»Weizenkleie ist eine wahre Ballaststoffbombe und damit natürlich gut für das Darmmikrobiom. Allerdings können ihre unlöslichen Ballaststoffe bei empfindlichen Menschen zu Blähungen führen. Dem wirken hier die anderen Inhaltsstoffe der Suppe entgegen: gekochte Möhren, Kamille und Artischocke beruhigen den Magen-Darm-Trakt. Gesundes Langlebigkeitsplus: Weizenkleie liefert viel Spermidin, das die zelluläre »Müllabfuhr« anregt.«

Schwarzwurzel mit Topinambur in Ceylon Assam

200 g Schwarzwurzel
100 g Topinambur
1 kleine Zwiebel (ca. 50 g)
1 Artischockenherz
(nach Belieben; Rezept Seite 108)
50 g Maronen (vakuumiert)
2 EL Schwarztee (Ceylon Assam oder eine andere Lieblingssorte; ersatzweise 4 Beutel Tee)
2 EL Olivenöl
Salz
1 Lorbeerblatt
100 ml Sojasahne
Pfeffer, geriebene Muskatnuss
¼ Bio-Zitrone

Für 2 Personen
Pro Portion: ca. 280 kcal, 3 g E, 18 g F, 15 g KH, 18 g BST

1 Die Schwarzwurzel schälen (am besten geht das in einer großen Schüssel mit Wasser, denn sie sondern manchmal eine klebrige Milch ab). Die Stangen dann in 2–3 cm große Stücke schneiden und in Zitronenwasser legen, damit sie nicht braun anlaufen.

2 Topinambur kräftig mit einer Gemüsebürste abschrubben und in Würfel schneiden. (Wer es feiner mag, kann die Knollen auch schälen, allerdings stecken in und unter der Schale besonders viele Vitalstoffe.) Die Zwiebel schälen und fein würfeln. Das Artischockenherz ggf. ebenfalls würfeln.

3 Den Schwarztee mit 500 ml nicht mehr kochendem Wasser übergießen und ca. 2 Min. ziehen lassen. Abgießen.

4 Das Olivenöl erhitzen. Schwarzwurzel, Topinambur und Zwiebel darin ca. 3 Min. anschwitzen. Leicht salzen. Das Lorbeerblatt dazugeben und mit Schwarztee aufgießen. Zugedeckt ca. 10 Min. leicht köcheln lassen.

5 Maronen, Sojasahne und ggf. Artischockenwürfel hinzufügen. Den Topf vom Herd ziehen und das Gemüse noch ca. 10 Min. in der heißen Suppe ziehen lassen. Vor dem Servieren mit Salz, Pfeffer, Muskatnuss und Zitronensaft abschmecken.

Info

„Maronen enthalten Phenolsäuren wie die Gallus- oder Ellagsäure. Letztere wird von unseren Darmbakterien zu Urolithinen abgebaut, von denen v. a. das Urolithin A die Autophagie – quasi die Müllabfuhr in unseren Zellen – anregt. Das scheint besonders bei alternden Zellen wichtig zu sein, da die Autophagie mit den Jahren nachlässt. Die Esskastanie bringt aber auch viele gesunde ungesättigte Fettsäuren mit und imponiert mit ihrem Vitamingehalt. Über die vielen Ballaststoffe freuen sich die Darmbakterien."

Spinatsuppe mit Bärlauch und Knoblauchmandeln

Für die Suppe:

1 Zwiebel
2 Kartoffeln
2 Pastinaken
1 Lauch
2 EL Mandel- oder Rapsöl
600 ml Gemüsebrühe
(Rezept Seite 182)
100 g Spinat
50 g Bärlauch
100 g Sojasahne
Salz
geriebene Muskatnuss
Saft von ¼ Zitrone

Für die Knoblauchmandeln:

1 Knoblauchzehe
60 g Mandeln
1 EL Olivenöl
Paprikapulver
1 Zweig Thymian
Salz

Für 2 Personen
Pro Portion: ca. 560 kcal, 15 g E, 39 g F, 30 g KH, 10 g BST

1 Die Zwiebel, Kartoffeln und Pastinaken schälen und würfeln. Den Lauch putzen, waschen und in feine Ringe schneiden.

2 In einem Topf das Öl erhitzen und das vorbereitete Gemüse darin bei mittlerer Hitze ca. 5 Min. anschwitzen. Mit Gemüsebrühe ablöschen und alles zugedeckt ca. 15 Min. kochen.

3 Inzwischen den Spinat und den Bärlauch waschen und kurz abtropfen lassen. Mit der Sojasahne zur Suppe geben und alles mit einem Stabmixer fein pürieren. Anschließend noch durch ein feines Sieb streichen. Mit Salz, Muskatnuss und Zitronensaft abschmecken.

4 Für die Knoblauchmandeln den Knoblauch schälen und fein schneiden. Das Olivenöl in einer Pfanne erhitzen und Mandeln und Knoblauch ca. 5 Min. darin rösten. Ca. 1 Min. vor Schluss 1 Msp. Paprikapulver, etwas Salz und die abgezupften Thymianblättchen dazugeben.

5 Die Suppe auf tiefe Teller oder Schalen verteilen und je eine Portion Knoblauchmandeln daraufgeben.

Info

„Jeden Tag eine kleine Portion Mandeln kann helfen, das gesunde HDL-Cholesterin zu erhöhen und im Gegenzug das ungesunde LDL-Cholesterin zu senken. Aufgrund von Tierversuchen vermuten Wissenschaftler außerdem, dass Mandeln wegen ihres hohen Gehalts an ungesättigten Fettsäuren, Folsäure und Vitamin E gut fürs Gehirn sind."

Vollkornreistopf mit Kohlrabi und Pak Choi

120 g Vollkornreis
Salz
½ Kohlrabi
½ Pak Choi (ersatzweise Spitz- oder Chinakohl)
½ Zwiebel
1 Frühlingszwiebel
3 EL Sesamöl oder Rapsöl
1 EL heller Balsamicoessig
500 ml Pho (Rezept Seite 183)
½ gehackte Chili (nach Belieben)
Saft von ½ Limette
4 Zweige Koriander

Für 2 Personen
Pro Portion: ca. 470 kcal, 8 g E, 17 g F, 65 g KH, 4 g BST

1 Den Vollkornreis nach Packungsanleitung in leicht gesalzenem Wasser 30–45 Min. garen.

2 Währenddessen den Kohlrabi schälen und klein würfeln. Das Grün hacken. Den Pak Choi waschen. Den unteren Stielansatz abtrennen und in größere Stücke schneiden. Die Blätter in feine Streifen schneiden. Die Zwiebel schälen und ebenfalls in feine Streifen schneiden. Die Frühlingszwiebel putzen, waschen und in feine Ringe schneiden.

3 Die Pak-Choi-Blätter und Kohlrabiwürfel in einer Schüssel mit 1 EL Öl, Balsamicoessig und etwas Salz marinieren.

4 Das restliche Öl in einem Topf erhitzen. Die Pak-Choi-Stiele und die Zwiebeln darin 3–5 Min. anbraten. Pho und gekochten Reis zugeben und einmal aufkochen. Wer es scharf mag, gibt auch die gehackte Chili dazu.

5 Den Kohlrabi mit dem Grün sowie die Pak-Choi-Blätter dazugeben und die Suppe mit Salz und Limettensaft abschmecken.

6 Auf zwei Teller oder Schalen verteilen. Geschnittene Frühlingszwiebel aufstreuen und den Koriander darüberzupfen.

Info

» Im Gegensatz zu weißem Reis ist die Vollkornvariante extrem reich an Vitaminen, Ballaststoffen und vor allem essenziellen Aminosäuren, denn all diese Stoffe stecken in der Schale des Reiskorns. Dasselbe gilt für wertvolle Mineralstoffe wie Phosphor, Magnesium, Kalium, Kalzium, Eisen, Zink und Selen, die bei vielen zellulären Prozessen als Katalysator-Co-Elemente wirken und deshalb z.B. für den Energiestoffwechsel und das Immunsystem unverzichtbar sind. «

Bohneneintopf mit Birne

200 g grüne, gelbe oder breite Bohnen
100 g Topinambur (ersatzweise Kartoffel)
1 kleine Zwiebel (ca. 50 g)
2 EL Olivenöl
Salz
1 Lorbeerblatt
500 ml Gemüsebrühe (Rezept Seite 182)
1 Birne
½ Bund Bohnenkraut
50 ml Sojasauce
Pfeffer
geriebene Muskatnuss

Für 2 Personen
Pro Portion: ca. 240 kcal, 7 g E, 12 g F, 19 g KH, 11 g BST

1 Die Bohnen putzen, waschen und in mundgerechte Stücke schneiden.

2 Den Topinambur kräftig mit einer Gemüsebürste abschrubben und in Würfel schneiden. (Wer es feiner mag, kann die Knollen auch schälen. Allerdings stecken in und unter der Schale die meisten Vitalstoffe.) Die Zwiebel schälen und fein würfeln.

3 In einem Topf das Olivenöl erhitzen. Topinambur und Zwiebel darin ca. 3 Min. anschwitzen. Leicht salzen. Das Lorbeerblatt und die Bohnen dazugeben und mit Gemüsebrühe aufgießen. Zugedeckt ca. 10 Min. leicht köcheln lassen.

4 Währenddessen die Birne waschen, vierteln, das Kerngehäuse entfernen und die Viertel in kleine Würfel schneiden. Das Bohnenkraut abbrausen und trocken schütteln.

5 Den Topf vom Herd ziehen, Birnen und Bohnenkraut zu den Bohnen geben und bei geschlossenem Deckel noch ca. 5 Min. mit ziehen lassen. Mit Sojasauce, Pfeffer, 1 Prise Muskatnuss und evtl. noch etwas Salz abschmecken.

Info

»Bohnen liefern viele Mineralstoffe wie Kalium, Magnesium, Phosphor und Eisen sowie Vitamin B_1, B_6 und Folsäure. Die in ihnen enthaltenen Isoflavone und Phytosterole verringern wohl genauso wie ihr hoher Fasergehalt zudem das Krebsrisiko. Die Birne dazu ist übrigens nicht so exotisch, wie man auf den ersten Blick vielleicht meinen mag. Denken Sie nur an das norddeutsche Rezept »Birne, Bohnen und Speck«.«

Haupt- gerichte

Artischocke mit Balsamdip

Für 2 Personen
Pro Portion: ca. 310 kcal, 5 g E, 20 g F, 15 g KH, 20 g BST

1 In einem hohen Topf ca. 4 l Wasser mit 1 kräftigen Prise Salz, der halben Zitrone (ganz oder in Scheiben) und Olivenöl aufkochen.

2 Unterdessen die Artischockenstiele ausbrechen. Dadurch werden zähe Fäden, die bis in den zarten Artischockenboden wachsen, herausgezogen – anders als wenn Sie die Stiele abschneiden würden. Erst dann werden die Artischocken am Boden glatt geschnitten, damit sie später gut auf dem Teller stehen. Die Spitzen der Blattenden mit einer Schere abschneiden.

3 Die Artischocken ins kochende Wasser geben und ohne Deckel je nach Größe ca. 30 Min. knapp unter dem Siedepunkt garen (d. h. das Wasser sollte also nicht mehr kochen). Am Ende der Kochzeit eine Garprobe machen: Lassen sich einzelne Blättchen ohne Mühe herausziehen, sind die Artischocken fertig. Ansonsten bleiben sie einfach noch länger im Wasser. Ansonsten herausnehmen und auf einem Gitter abtropfen und abkühlen lassen.

4 Für den Dip alle Zutaten miteinander verrühren und mit Salz und Pfeffer abschmecken.

Und so wird's gegessen: Die Artischockenblätter haben unten etwas Fleisch. Um daran zu gelangen, die Blätter einzeln abzupfen, in den Dip tauchen und auszutzeln (die Blätter nicht komplett verzehren). Auf diese Weise »arbeitet« man sich bis zum Herz vor. Die feinen Haare darüber, das Heu, mit dem Messer abschaben und das Herz mit Dip verzehren. Wahlweise können Sie es auch kalt stellen und weiterverarbeiten, z. B. für den Kürbistopf mit Mungbohnen und Zitronenthymian (Seite 90), den Kamilleneintopf mit Möhre und gerösteter Kleie (Seite 97) oder die Schwarzwurzeln mit Topinambur in Ceylon Assam (Seite 98).

Für die Artischocken:

2 mittelgroße Artischocken
½ Bio-Zitrone
2 EL Olivenöl (kann man auch weglassen, gibt aber eine feine Note)
Salz

Für den Dip:

2 EL Balsamicoessig
2 EL Olivenöl
2 EL Rapsöl
1 EL mittelscharfer Senf
1 EL Dattelsirup oder Apfelsüß (Rezept Seite 183)
Salz, Pfeffer

Info

»Artischocken gehören zu den Top 5 unsere Gemüsehitliste, was auch an den vielen gesunden Bitterstoffen liegt, allen voran Cynarin. Es entlastet die Leber und kann helfen, den Triglycerid- und Cholesterinspiegel deutlich zu senken.«

Fenchelsauerkraut mit Süßkartoffelstampf

Für das Fenchelsauerkraut:

2 Fenchel
4 EL heller Balsamicoessig
1 TL Kreuzkümmel oder Kümmel
2 EL Olivenöl
Salz

Für den Süßkartoffelstampf:

4 Süßkartoffeln
Salz
1 EL vegane Margarine
60 ml Haferdrink
½ TL Currypulver

Für 2 Personen
Pro Portion: ca. 780 kcal, 12 g E, 20 g F, 125 g KH, 21 g BST

1 Den Fenchel putzen, waschen und mit dem Gemüsehobel oder einer Aufschnittmaschine quer zum Strunk möglichst fein in eine große Schüssel schneiden. Das Grün für die Garnitur beiseitelegen.

2 Den (Kreuz-)Kümmel in einer Pfanne rösten, bis er zu duften beginnt. Unter den Fenchel mischen und anschließend mit Salz abschmecken. Leicht durchkneten und abgedeckt und kühl über Nacht ziehen lassen.

3 Die Süßkartoffeln schälen, vierteln und in Salzwasser ca. 20 Min weich kochen, dann abgießen (das Wasser aufheben und als Suppen- oder Saucenbasis weiterverwenden, es hält im Kühlschrank bis zu 3 Tage).

4 Süßkartoffeln durch eine Kartoffelpresse drücken und noch heiß mit den restlichen Zutaten verrühren. Mit Salz abschmecken.

5 Vor dem Servieren den Fenchel in einem Topf oder einer Pfanne kurz erhitzen. Mit Fenchelgrün garnieren und zum Stampf reichen.

Info

„Süßkartoffeln bringen einiges an zellschützenden Carotinoiden mit und sind eine sehr gute Quelle für Vitamin E, dem eine Schutzwirkung vor Diabetes, Thrombosen, Arteriosklerose, chronischen Entzündungen und neurodegenerativen Erkrankungen zugeschrieben wird. Da das Vitamin nicht hitzeempfindlich ist, bleibt es beim Garen weitgehend stabil. Allerdings braucht es wie hier ein wenig Fett dazu, damit der Körper es optimal aufnehmen kann.“

Kohlgratin

6 Weißkohlblätter
1 Möhre
1 Pastinaken
1 Schalotte
1 Knoblauchzehe
1 Tomate
4 EL Rapsöl
2 EL Gemüsebrühe
(Rezept Seite 182; ersatzweise Wasser)
1 TL kleine Kapern
100 g geriebener Parmesan

Für 2 Personen
Pro Portion: ca. 460 kcal, 18 g E, 35 g F, 13 g KH, 6 g BST

1 Die Weißkohlblätter waschen und in Salzwasser 3–5 Min. weich kochen. Herausnehmen und abkühlen lassen.

2 Möhre und Pastinake putzen, waschen und ungeschält in kleine Würfel schneiden. Schalotten und Knoblauch schälen und fein würfeln. Die Tomate waschen und ebenfalls in kleine Würfel schneiden (dabei auch den grünen Stielansatz entfernen).

3 Den Backofen auf 180° (Umluft) vorheizen. In einer großen Pfanne 1 EL Rapsöl erhitzen. Schalotte und Knoblauch darin ca. 2 Min. anschwitzen. Möhren- und Pastinakenwürfelchen dazugeben und weitere ca. 5 Min. mit anschwitzen. Danach mit Brühe ablöschen, Tomaten und Kapern zugeben und mit Salz und Pfeffer würzen.

4 Eine Auflaufform mit 1 EL Rapsöl ausstreichen. Kohlblätter und Gemüse lagenweise hineinschichten. Zwischen jede Lage ein wenig geriebenen Parmesan streuen. Das restliche Öl auf der obersten Lage verteilen, die Form in den Ofen schieben und das Gratin ca. 30 Min. backen.

Info

„Neben reichlich Senfölglykosiden und Vitamin C liefert Weißkohl sehr viel Vitamin K. Letzteres könnte nicht nur eine Rolle für die Knochenstabilität spielen, sondern scheint laut einiger Studien auch der Gefäßverkalkung (Arteriosklerose) entgegenzuwirken."

Paprika-Kartoffel-Türmchen mit Rucola

2 rote oder grüne Spitzpaprika
4 EL Olivenöl
abgeriebene Schale und Saft von ½ Bio-Zitrone
2 große festkochende Kartoffeln
Salz, Pfeffer
1 Bund Rucola
50 g geröstete Mandeln, Walnusskerne oder Pinienkerne
2 EL Granatapfelsirup (100 % Granatapfel)

Für 2 Personen
Pro Portion: ca. 460 kcal, 10 g E, 33 g F, 24 g KH, 7 g BST

1 Den Backofen auf 200° (Umluft) vorheizen. Die Spitzpaprika leicht einölen und in einer Pfanne oder auf dem Blech ca. 30 Min. im Ofen rösten, bis sie anfangen, schwarz zu werden. Dabei ab und zu wenden.

2 Die Paprika herausnehmen und entweder den Deckel auf die Pfanne legen oder das Gemüse in einen Gefrierbeutel legen und diesen zuknoten. Sie sollen ca. 10 Min. »ausschwitzen«, damit sich die Haut leichter abziehen lässt.

3 Sind die Paprika etwas abgekühlt, mit den Fingern die Haut entfernen. Dann die Schoten halbieren, die Kerne herauskratzen und das Fruchtfleisch noch einmal quer halbieren. Mit Zitronenabrieb und -saft marinieren.

4 Die Kartoffeln in kochendem Salzwasser 20–25 Min. garen. Abgießen, leicht abkühlen lassen, pellen und dann in dicke Scheiben schneiden. Mit 2 EL Olivenöl, Salz und Pfeffer marinieren.

5 Paprika und Kartoffeln abwechselnd auf einen Teller schichten. Den Rucola waschen, trocken schleudern und mundgerecht zerzupfen. Mit dem restlichen Öl marinieren, salzen, pfeffern und auf die Teller verteilen. Die Mandeln bzw. Walnuss- oder Pinienkerne grob zerkleinern und darüberstreuen. Zum Schluss noch etwas Granatapfelsirup aufträufeln.

Tipp

» Mit roten Paprika machen die Türmchen optisch mehr her, der Gehalt an Polyphenolen ist überraschenderweise in grüner Paprika aber höher. Reich an den Antioxidantien Vitamin C und E sowie Ballaststoffen sind beide. «

Cremiger Bulgur mit Pilzen und Blumenkohl

Für 2 Personen
Pro Portion: ca. 650 kcal, 21 g E, 38 g F, 46 g KH, 16 g BST

¼ mittelgroßer Blumenkohl,
150 g Pilze (z.B. Champignons, Pfifferlinge, Austernpilze – je nach Angebot)
1 Frühlingszwiebel
4 EL Sesam- oder Rapsöl
2 EL Sojasauce
50 gehackte geröstete Erdnüsse
1 EL gerösteter Sesam
1 Msp. Chili (nach Belieben)
1 Zwiebel
2 Knoblauchzehen
100 g Bulgur
1 EL Misopaste (ersatzweise Gemüsebrühe)
Salz, Pfeffer

1 Den Blumenkohl waschen und trocken tupfen. Anschließend die Röschen, soweit es geht, mit einem Sparschäler herunterschälen (ca. ¼ des Blumenkohls). So erhält man eine Art Couscous. Den restlichen Blumenkohl fein würfeln. Die Pilze putzen und vierteln. Die Frühlingszwiebel putzen, waschen und fein aufschneiden.

2 In einer Pfanne 2 EL Öl erhitzen und den Blumenkohlcouscous darin scharf anbraten. Mit Sojasauce ablöschen. Ist sie verkocht, Erdnüsse, Sesam und ggf. Chili dazugeben, verrühren und die Pfanne erst einmal beiseitestellen.

3 Zwiebel und Knoblauch schälen und fein würfeln. Im restlichen Öl anschwitzen. Den gewürfelten Blumenkohl dazugeben und mit anschwitzen. Den Bulgur in einem Sieb abbrausen, dann ebenfalls mit in die Pfanne geben. Kurz anschwitzen, dann mit 250 ml warmem Wasser ablöschen.

4 Die Misopaste dazugeben, umrühren und einkochen. Erneut mit 250 ml warmem Wasser aufgießen und wieder alles langsam einkochen. Auch jetzt wieder ab und zu umrühren.

5 Pilze dazugeben, noch einmal 250 ml warmes Wasser angießen und einkochen. Das Gericht soll schön cremig und weich sein, wie ein Risotto (ggf. also erneut mit warmem Wasser aufgießen und einkochen). Zum Schluss mit Salz und Pfeffer abschmecken.

6 Den Bulgur auf zwei Teller oder Schalen verteilen und mit geröstetem Blumenkohlcouscous und Frühlingszwiebeln bestreuen.

Info

» 300 Gramm Pilze pro Woche können das Risiko für einen altersbedingten kognitiven Leistungsabfall um 50 Prozent mindern, das haben Wissenschaftler der National University of Singapore herausgefunden. Verantwortlich dafür scheint die Aminosäure Ergothionein zu sein, die auch gegen Entzündungen wirken soll. «

Auberginensalat mit Bohnen, Maronen und Rotkohl

Für 2 Personen
Pro Portion: ca. 570 kcal, 19 g E, 32 g F, 37 g KH, 22 g BST

1 Die Bohnen über Nacht einweichen. Am nächsten Tag das Einweichwasser abgießen und die Bohnen in einem Sieb abspülen.

2 Die Schalotte schälen und würfeln. Mit den Bohnen, der Brühe, der Sojasahne und dem Rapsöl in einen Topf geben und die Bohnen mit Deckel ca. 30 Min. weich kochen.

3 Den Topfinhalt in einen Mixer umfüllen und pürieren (oder direkt im Topf mit dem Stabmixer zu Püree verarbeiten). Wer es feiner mag, streicht die Masse anschließend noch durch ein Sieb, ehe sie mit Salz und Pfeffer abgeschmeckt wird.

4 Die Aubergine auf dem Grill oder Gasherd auf offener Flamme rösten. Die Haut darf dabei schwarz werden. (Alternativ die Aubergine bei 220° Umluft im Ofen grillen.) Danach abkühlen lassen.

5 Die erkaltete Aubergine längs halbieren, das Fleisch mit einem Löffel herauslösen und etwas klein schneiden. Mit Olivenöl marinieren und mit Salz und Pfeffer abschmecken.

6 Den Rotkohl fein schneiden oder hobeln, kurz mit kaltem Wasser abbrausen und dann trocken tupfen. Die Maronen grob zerkleinern.

7 Das Bohnenpüree auf eine Platte geben. Erst den Auberginensalat, dann den Rotkohl und die Maronen darauf verteilen. Zum Schluss noch etwas frischen Thymian darüberzupfen.

Für das Bohnenpüree:

150 g weiße Bohnen (getrocknet)
1 Schalotte
150 ml Gemüsebrühe
(Rezept Seite 182)
150 ml Sojasahne
2 EL Rapsöl
Salz, weißer Pfeffer

Für das Gemüse:

1 Aubergine
2 EL Olivenöl
Salz, Pfeffer
30 g Rotkohl
1 Zweig Thymian
30 g Maronen (vakuumiert oder geröstet und geschält)

Außerdem:

frischer Thymian

Info

»Wegen ihres hohen Fasergehalts scheinen weiße Bohnen das Darmkrebsrisiko besser zu verhindern als andere Hülsenfrüchte – zumindest bei Männern. Das ergab eine japanische Studie. Was sie sonst noch so auffahren: Vitamin B_1 für die Energiebereitstellung, Nerven- und Herzfunktion, Vitamin B_6, das sonst v.a. in Fleisch, Fisch und Milchprodukten steckt, Magnesium, dem Spielmacher von rund 80 Prozent aller Stoffwechselprozesse, und Kalium, das u.a. der Signalweiterleitung zwischen den Zellen dient.«

Gnocchi in Rote Bete mit Spargel

Für 2 Personen
Pro Portion: ca. 610 kcal, 16 g E, 26 g F, 72 g KH, 5 g BST

Für die Gnocchi:

300 g vorwiegend festkochende Kartoffeln (z.B. Selina)
Salz
20 g Speisestärke (plus etwas mehr zum Arbeiten)
30 g Hartweizengrieß
Salz, geriebene Muskatnuss

Für den Saft:

500 ml Rote-Bete-Saft
2 EL Sojasauce
1 TL Speisestärke

Für den Spargel:

150 g grüner Spargel (das Holzige großzügig abgeschnitten)
2 EL Olivenöl
Salz

Außerdem:

50 g Cashewkerne (ersatzweise Mandeln)
4 Zweige Koriander (ersatzweise Kerbel, Dill oder Petersilie)
60 g Frischkäse (Ziege oder Cashew)

1 Die Kartoffeln waschen und in Salzwasser 20–25 Min. weich kochen. Abgießen, ausdampfen lassen, noch warm schälen und durch die Kartoffelpresse in eine Schüssel drücken. Erkalten lassen, Stärke und Grieß mit der Hand unterkneten und die Masse dann ca. 10 Min. quellen lassen.

2 Die Arbeitsfläche mit etwas Stärke bestäuben. Aus der Kartoffelmasse ca. 3 cm dicke Rollen formen. Diese in ca. 2 cm dicke Scheiben schneiden (je 20 g).

3 In einem Topf reichlich Salzwasser (10 g Salz pro Liter Wasser) in einem großen Topf zum Sieden bringen, die Gnocchi vorsichtig hineinlegen und 8–10 Min. ziehen lassen, bis sie nach oben steigen. Mit einem Schaumlöffel herausheben und direkt in eiskaltes Wasser legen, so werden sie fest. Nach ca. 5 Min. zum Trocknen auf ein sauberes Küchenhandtuch setzen.

4 Den Rote-Bete-Saft in einem breiten Topf auf ein Drittel einkochen. Sojasauce zugeben. Stärke mit 20 ml Wasser anrühren und die Flüssigkeit damit binden. Ca. 2 Min. köcheln, dann abkühlen lassen.

5 Die Cashewkerne in einer Pfanne ohne Fett rösten. Den Koriander abbrausen, trocken schütteln und samt der Stiele fein schneiden. Den Spargel waschen, hölzerne Enden abschneiden und die Stangen dann in 4–5 cm lange Stücke schneiden. In einer großen Pfanne mit 1 Prise Salz 3–4 Min. braten, ohne dass er Farbe annimmt. Währenddessen die Gnocchi im Rote-Bete-Saft warm machen.

6 Gnocchi auf tiefen Tellern anrichten. Den Käse zerpflücken und darüber bröseln. Cashewkerne und Koriander aufstreuen und die Spargelstücke anlegen.

Ofenkartoffeln mit Meerrettichjoghurt und Feldsalat

300 g kleine Kartoffeln (z.B. Frühkartoffeln, La Ratte oder Bamberger Hörnchen)
3 EL Rapsöl
Salz, Pfeffer
Paprikapulver
100 g Feldsalat
2 EL Sprossen (z.B. Alfalfa, Rotkohl oder Kresse)
200 g Joghurt
1 EL frisch geriebener Meerrettich (ersatzweise 1 TL Meerrettich aus dem Glas)
½ TL Senf
1 TL Zitronensaft
30 g geröstete Kürbiskerne
2 EL Kürbiskernöl

Für 2 Personen
Pro Portion: ca. 490 kcal, 12 g E, 35 g F, 25 g KH, 4 g BST

1 Die Kartoffeln waschen und mit Schale in Salzwasser ca. 20 Min. gar kochen. Abgießen, etwas auskühlen lassen und dann jede Kartoffel einzeln mithilfe eines Glases oder einer Tasse platt drücken.

2 Den Backofen auf 180° (Umluft) vorheizen. In einer großen Schüssel 2 EL Rapsöl mit Salz, Pfeffer und 1 Prise Paprikapulver verrühren, die Kartoffeln hineingeben und mit dem Würzöl überziehen. Anschließend auf einem mit Backpapier ausgelegten Blech verteilen und im Ofen 20–30 Min. backen.

3 Währenddessen den Feldsalat waschen und trocken schleudern. Die Sprossen in einem Sieb abbrausen und abtropfen lassen. Joghurt mit Meerrettich, Senf, Zitronensaft und dem verbliebenen Rapsöl verrühren. Salzen und pfeffern.

4 Die gebackenen Kartoffeln mit dem Joghurt anrichten und den Feldsalat mit den Sprossen dazugeben. Zum Schluss noch die gerösteten Kürbiskerne darüberstreuen und alles mit Kürbiskernöl beträufeln. Wer mag, kann noch extra Meerrettich darüberreiben.

Tipp

» Lassen Sie die Schale bei Kartoffeln möglichst oft dran, nicht nur bei jungen Exemplaren. Grüne Stellen und Keime (»Augen«) sollten Sie allerdings immer großzügig wegschneiden. Sie enthalten giftiges Solanin, also den Stoff, weswegen die Knollen auch nie roh verzehrt werden sollten. Zur Vorbeugung Kartoffeln möglichst dunkel lagern. «

Gebackene Petersilienwurzel mit Brombeeren und Rosmarin

4 Petersilienwurzeln (ca. 400 g)
1 Knoblauchzehe
1 Zweig Rosmarin
2 Wacholderbeeren
2 EL Olivenöl
1 TL Apfelsüß (Rezept Seite 183)
Salz
10 Brombeeren
½ rote Zwiebel
1 EL gehackte Petersilie

Für 2 Personen
Pro Portion: ca. 210 kcal, 6 g E, 10 g F, 18 g KH, 10 g BST

1 Den Backofen auf 180° (Umluft) vorheizen. Die Petersilienwurzeln gründlich waschen und vierteln. Den Knoblauch schälen und fein schneiden. Den Rosmarin abbrausen, trocken schütteln und die Nadeln abzupfen. Die Wacholderbeeren im Mörser oder mit einem schweren Messer zerstoßen.

2 Alles zusammen in einer Auflaufform verteilen, Olivenöl und Apfelsüß dazugeben, ein wenig salzen und dann alles gründlich miteinander vermengen. Im Ofen 20–30 Min. backen.

3 Die Zwiebel schälen und in feine Streifen schneiden. Die Brombeeren abbrausen, vorsichtig trocken tupfen und halbieren.

4 Die Petersilienwurzeln aus dem Ofen holen und auf zwei Tellern verteilen. Die geschnittenen Zwiebeln und Brombeeren darübergeben und zum Schluss alles mit gehackter Petersilie garnieren.

Info

»Wie ihre nahe Verwandte, die Blattpetersilie, ist auch die Petersilienwurzel reich an Vitamin C – von der beim Backen übrigens weniger verloren geht als beim Garen in Wasser. Wegen ihrer ätherischen Öle, z.B. Apiol, wirkt das Wurzelgemüse zudem harntreibend und entwässernd, was sich positiv bei Bluthochdruck auswirken kann.«

Grünes Gemüse-Chop-Suey

50 g grüne Paprika
50 g Mangoldstiele
50 g grüner Spargel
50 g grüne Bohnen
50 g Zuckerschoten
50 g Brokkoliröschen
50 g Erbsen
50 g Pilze (am besten Shiitake oder Champignons)
½ Zwiebel
1 Knoblauchzehe
2 EL geröstetes Sesamöl
4 EL Sojasauce
200 ml Brühe
1 TL Maisstärke

Für 2 Personen
Pro Portion: ca. 220 kcal, 8 g E, 11 g F, 17 g KH, 7 g BST

1 Das Gemüse putzen und ggf. waschen. Die Paprika und die Mangoldstiele würfeln. Den Spargel und die Bohnen in ca. 3 cm große Stücke schneiden. Die Zuckerschoten halbieren. Die Pilze putzen und in Scheiben schneiden.

2 Mangold, Bohnen, Zuckerschoten und Brokkoli in kochendem Salzwasser nacheinander je ca. 1 Min. blanchieren und danach sofort in gesalzenem Eiswasser abschrecken. Abtropfen lassen.

3 Zwiebel und Knoblauch schälen und fein schneiden. Das Sesamöl in einer großen Pfanne oder einem weiten Topf erhitzen. Zwiebel, Knoblauch, Pilze, Paprika und grünen Spargel darin 2–3 Min. scharf anbraten. Danach die Hitze reduzieren und das Gemüse mit Sojasauce ablöschen.

4 Die kalte Gemüsebrühe mit der Stärke verrühren und mit in die Pfanne geben. Das restliche Gemüse hinzufügen und alles zusammen ca. 2 Min. einkochen. Dabei gelegentlich umrühren und zum Schluss noch einmal mit Sojasauce abschmecken.

Passt gut zu Vollkornreis.

Tipp

„Je nach Saison können Sie auch andere Gemüsesorten verwenden bzw. variieren – was Sie gerade auf dem Markt bekommen."

Igelstachelbart mit Ratatouille

Für 2 Personen
Pro Portion: ca. 430 kcal, 17 g E, 33 g F, 10 g KH, 11 g BST

Für das Ratatouille:

1 Tomaten
½ Aubergine
½ Zucchini
1 Schalotte
1 Knoblauchzehe
1 EL Olivenöl
50 ml Apfelsaft
50 ml Gemüsebrühe
(Rezept Seite 182)
5 Rosmarinnadeln
1 Zweig Thymian
Salz, Pfeffer
300 g Igelstachelbart-Pilz
(am besten ein großer;
ersatzweise Austernpilze)
2 Eier
1 EL geriebener Parmesan
Salz, Pfeffer
2 EL Olivenöl

Außerdem:

2 EL Olivenöl
2 EL geriebener Parmesan
(ersatzweise anderer Hartkäse
oder veganer »Hartkäse«)
1 Handvoll Basilikum

1 Für das Ratatouille die Tomate waschen, halbieren (dabei gleich auch den Stielansatz herausschneiden), entkernen und das Fruchtfleisch in kleine Würfel schneiden. Die Aubergine und Zucchini putzen, waschen und in Würfel schneiden. Schalotte und Knoblauch schälen und fein würfeln.

2 In einem weiten Topf oder einer breiten Pfanne das Öl erhitzen. Schalotte und Knoblauch ca. 3 Min. darin anschwitzen. Aubergine und Zucchini dazugeben und kurz mitdünsten. Anschließend Apfelsaft, Brühe und Tomatenwürfel zufügen.

3 Die Rosmarinnadeln klein schneiden und zum Gemüse geben. Den Thymian ebenfalls dazuzupfen. Alles auf kleiner Flamme ca. 20 Min. schmoren lassen. Mit Salz und Pfeffer abschmecken.

4 Den Pilz bzw. die Pilze putzen und in daumendicke Scheiben schneiden. Die Eier in eine Schüssel aufschlagen. Parmesan, 1 Prise Salz und reichlich schwarzen Pfeffer dazugeben und alles mit der Gabel verrühren.

5 Eine Pfanne mit Olivenöl erhitzen. Die Pilzscheiben durch die Eimasse ziehen, in die Pfanne geben und von beiden Seiten jeweils 2–3 Min. braten. (Wer mag, kann das Ei auch weglassen und die Pilze ganz pur in Öl braten.)

6 Das Ratatouille und die gebackenen Pilze auf Tellern anrichten. Mit Olivenöl beträufeln, den Parmesan darüberstreuen und zum Schluss noch alles mit gezupftem Basilikum garnieren.

Tipp

„Noch ist der Igelstachelbart (auch Pom-Pom blanc genannt) hierzulande recht unbekannt, aber weil ihn immer mehr Züchter anbauen, ist er online gut erhältlich und mit etwas Glück findet man ihn sogar im Supermarkt."

Überbackener Mangold mit roten Linsen

Für 2 Personen
Pro Portion: ca. 640 kcal, 36 g E, 24 g F, 60 g KH, 9 g BST

200 g rote Linsen
6 große Mangoldblätter
¼ grüne Paprika
½ Möhren
½ Pastinake
1–2 Schalotten
4 schwarze Oliven (ohne Stein)
1 TL Kapern
2 EL Rapsöl
Salz, Pfeffer
gemahlener Kreuzkümmel
200 ml Gemüsebrühe
(Rezept Seite 182)
1 TL Senf
4 EL geriebener Parmesan
1 EL Olivenöl
4 Blätter Salbei

1 Die Linsen in einem Sieb kurz kalt abspülen und anschließend in reichlich Wasser ohne Salz 10–15 Min. garen. Abgießen, abtropfen lassen und in eine Schüssel geben.

2 Den Mangold waschen und in kochendem Salzwasser ca. 1 Min. blanchieren. Sofort in gesalzenem Eiswasser abschrecken. Dann abgießen und trocken tupfen.

3 Paprika, Möhren, Pastinake und Schalotte putzen bzw. schälen und in feine Würfel schneiden (sollte jeweils etwa 2 EL ergeben, bei der Paprika kann es auch etwas mehr sein). Die Oliven in feine Ringe schneiden, die Kapern hacken.

4 In einer Pfanne das Rapsöl erhitzen. Schalotten, Pastinaken, Möhren und Paprika ca. 3 Min. darin anschwitzen. Linsen, Kapern und Oliven dazugeben und mit Salz, Pfeffer und 2 Msp. Kreuzkümmel abschmecken.

5 Den Backofen auf 180° (Umluft) vorheizen. Die Mangoldblätter auf einer Arbeitsfläche ausbreiten. Jeweils einen Klecks der Gemüsemischung daraufgeben, die Seiten darüberschlagen und die Blätter dann von unten nach oben straff aufrollen.

6 Den Salbei fein schneiden und eine Auflaufform damit ausstreuen. Die Mangoldpäckchen daraufsetzen.

7 Die Brühe erhitzen. Senf, Parmesan und Olivenöl unterrühren. Die Mischung über die Mangoldpäckchen geben und die Form in den Ofen schieben. 20–30 Min. backen.

Info

„In roten Linsen stecken bis auf Cystein und Methionin alle essenziellen Aminosäuren – und die beiden steuert praktischerweise hier der Mangold bei. In ihm steckt auch reichlich Vitamin C, das unser Körper unbedingt braucht, um das Eisen aus den Linsen optimal verwerten zu können."

Vollkornspaghetti mit Pumpernickel-Bolognese

100 g Möhren
100 g Knollensellerie
1 kleine Zwiebel (ca. 50 g)
2 Knoblauchzehen
100 g Pumpernickel
3 EL Olivenöl
1 Lorbeerblatt
2 Salbeiblätter
2 EL Sojasauce
500 g passierte Tomaten (aus dem Glas oder der Dose)
Salz, Pfeffer
geriebene Muskatnuss
300 g Vollkornspaghetti
50 g Parmesan
2 Zweige Basilikum

Für 2 Personen
Pro Portion: ca. 940 kcal, 34 g E, 27 g F, 121 g KH, 27 g BST

1 Möhren, Knollensellerie, Zwiebel und Knoblauch schälen und in feine Würfel schneiden bzw. hacken. Pumpernickel grob zerkleinern.

2 In einer Pfanne 1 EL Olivenöl erhitzen und den Pumpernickel darin 6–8 Min. anbraten. Auf einem Teller beiseitestellen.

3 Die Pfanne auswischen, das restliche Öl hineingeben und Zwiebel und Knoblauch ca. 3 Min. darin anschwitzen. Möhren und Sellerie dazugeben, leicht salzen und kurz mit anschwitzen. Dann den gerösteten Pumpernickel, Lorbeer, Salbei, Sojasauce sowie die passierten Tomaten hinzufügen und alles auf kleiner Flamme ca. 30 Min. einkochen. Dabei gelegentlich umrühren. Mit Salz, Pfeffer und Muskatnuss abschmecken.

4 Die Vollkornspaghetti nach Packungsanleitung in reichlich Salzwasser al dente kochen.

5 Abgießen, aber nicht abschrecken. Auf Teller verteilen und die Bolognese darübergeben (alternativ die Nudeln gleich in der Pfanne mit der Bolognese vermengen). Kurz vor dem Servieren den Parmesan darüberreiben und das Basilikum aufzupfen.

Tipp

„Gießen Sie das Spaghettiwasser nicht weg, sondern verwenden Sie es für Suppen und Eintöpfe. Es enthält viele gelöste Vitalstoffe, die sonst im Abfluss landen würden. Das Wasser hält sich im Kühlschrank 2–3 Tage."

Spitzkohl auf Blumenkohl mit Mandel-Orangen-Vinaigrette

1 kleiner Spitzkohl
¼ Blumenkohl
2 Schalotten
50 g geröstete Mandeln
2 EL Rapsöl
1 EL Currypulver
200 ml Sojasahne
2 EL Mandelöl
Salz, geriebene Muskatnuss
200 ml frisch gepresster Orangensaft
2 EL Olivenöl
Kamillenblüten und/oder -blätter (ersatzweise Kerbel, Petersilie oder Rucola)

Für 2 Personen
Pro Portion: ca. 740 kcal, 17 g E, 58 g F, 24 g KH, 14 g BST

1 Den Backofen auf 200° (Umluft) vorheizen. Den Spitzkohl von den äußeren Blättern befreien und dann längs halbieren. Den Blumenkohl waschen und fein schneiden. Die Schalotten schälen und fein würfeln. Die gerösteten Mandeln grob hacken.

2 Die Spitzkohlhälften mit Rapsöl und Currypulver marinieren und anschließend mit der Schnittfläche nach unten in eine Auflaufform geben. Im Ofen ca. 40 Min. schmoren. Herausnehmen, etwas auskühlen lassen und vom Strunk befreien.

3 Schalotten, Blumenkohl, Sojasahne und Mandelöl in einen Topf geben und zugedeckt ca. 20 Min. weich kochen. Sehr fein pürieren und mit Salz und Muskatnuss abschmecken.

4 In einem anderen Topf den Orangensaft auf ein Drittel reduzieren. Das Olivenöl sowie die gehackten Mandeln dazugeben und mit Salz abschmecken.

5 Das Blumenkohlpüree auf zwei Tellern verteilen. Die losen Spitzkohlblätter locker darauf platzieren. Die Mandel-Orangen-Vinaigrette darübergeben und alles mit Kamille bzw. Kerbel, Petersilie oder Rucola garnieren.

Info

» Senfölglykoside, Vitamin C und Vitamin K hoch zwei – durch die Kombination verschiedener Kohlsorten! Mandeln können, wie es aussieht, ebenfalls dazu beitragen, gesund zu altern. Wissenschaftler empfehlen sie besonders für ältere Frauen, was u. a. an ihrem hohen Kalziumgehalt liegt. Der Tagesbedarf an diesem Mineralstoff ist in der Postmenopause besonders hoch. «

Steckrüben-reibekuchen mit körnigem Kräuterfrischkäse

Für den Dip:

1 Bund gemischte Kräuter (z.B. Schnittlauch, Petersilie, Kerbel, Basilikum)
50 ml Olivenöl
200 g körniger Frischkäse
Salz, Pfeffer
Tabasco

Für die Reibekuchen:

100 g Steckrüben
400 g festkochende Kartoffeln (gekocht und geschält; vom Vortag)
2 EL Rapsöl
geriebene Muskatnuss
Salz

Für 2 Personen
Pro Portion: ca. 530 kcal, 17 g E, 35 g F, 31 g KH, 4 g BST

1 Für den Dip die Kräuter abbrausen, trocken schütteln, die Blätter abzupfen und fein hacken bzw. Schnittlauch in Röllchen schneiden. Mit dem Olivenöl pürieren und dann unter den körnigen Frischkäse rühren. Mit Salz, Pfeffer und Tabasco abschmecken.

2 Für die Reibekuchen die Steckrübe schälen und grob in eine Schüssel reiben. Die Kartoffeln dazureiben, die Masse mit Salz und Muskatnuss würzen und alles gut vermengen.

3 In einer Pfanne 1 EL Rapsöl erhitzen. Die Hälfte der Masse hineingeben, mit dem Löffelrücken etwas verstreichen und auf kleiner Hitze von beiden Seiten ca. 10 Min. knusprig braten. Den fertigen Reibekuchen aus der Pfanne nehmen und im Ofen warm halten (80° Umluft). Den Rest der Steckrübenmasse ebenso verarbeiten.

4 Die heißen Reibekuchen auf Teller geben und mit dem Frischkäsedip servieren. Dazu passt ein Salat.

Info

» Auch wenn man es ihr nicht ansieht: Die Steckrübe ist eine echte Vitamin-C-Bombe. Schon 100 Gramm decken etwa ein Viertel des Tagesbedarfs. Ihr hoher Kaliumgehalt hilft zudem, Herz und Kreislauf zu entlasten, genauso wie man es von den in ihr enthaltenen Flavonen und Flavonolen vermutet.
Körniger Frischkäse verdrängt möglicherweise wie alle Sauermilchprodukte unerwünschte Bakterien aus dem Darm und unterstützt ihn im Gegenzug bei der Verdauung. Vermutlich vermag er zudem, den Cholesterinspiegel zu senken und vor Darmkrebs zu schützen. «

Ofenkürbis mit Pistazien und Pilzragout

600 g Butternut-Kürbis
2 EL Olivenöl
Salz
2 Zweige Rosmarin
4 Zweige Thymian
200 g Pilze (je nach Saison)
1 Zwiebel
1 Knoblauchzehe
2 EL Sesamöl
2 EL Sojasauce
250 ml Gemüsebrühe
(Rezept Seite 182)
1 TL Maisstärke
Saft von ¼ Zitrone
Pfeffer
¼ Bund Schnittlauch
50 g geröstete Pistazien (geschält)

Für 2 Personen
Pro Portion: ca. 460 kcal, 12 g E, 34 g F, 19 g KH, 9 g BST

1 Den Backofen auf 160° (Umluft) vorheizen. Den Kürbis schälen und die Kerne sowie das faserige Innere herausschaben. Das Fruchtfleisch anschließend in Spalten schneiden und mit Olivenöl marinieren und salzen. Mit dem Rosmarin sowie 2 Zweigen Thymian in einen Schmortopf geben und im Ofen ca. 1 Std. schmoren.

2 Währenddessen die Pilze putzen und in Scheiben schneiden. Zwiebeln und Knoblauch schälen und klein würfeln.

3 In einem Topf das Sesamöl erhitzen. Pilze, Zwiebeln und Knoblauch darin bei mittlerer Hitze ca. 6 Min. anbraten. Mit Sojasauce ablöschen. Die Stärke in die kalte Gemüsebrühe rühren, dann die Mischung zusammen mit dem verbliebenen Thymian zu den Pilzen geben und einmal aufkochen. Mit Zitronensaft, Salz und Pfeffer abschmecken.

4 Den Schnittlauch abbrausen, trocken schütteln und in Röllchen schneiden. Die Pistazien hacken. Den geschmorten Kürbis mit den Pilzen auf Tellern anrichten und mit Pistazien und Schnittlauch bestreut servieren.

Info

„Pistazien sind wie alle Nüsse und Schalenfrüchte nicht nur sehr proteinreich, sondern wie diese auch eine gute Spermidin-Quelle. Dadurch können sie nach aktuellem Stand der Wissenschaft vermutlich die Autophagie ankurbeln, also das zellinterne Recycling – und das offensichtlich sogar in solchen Zellen, die das aus Altersgründen eigentlich gar nicht mehr können."

Vollkornpasta mit geschmolzenen Tomaten und Zitrone

300 g Kirschtomaten
1 Bund Basilikum (40 g)
½ Knoblauchzehe
50 ml Olivenöl
Salz
5 g Honig
10 ml heller Balsamicoessig
abgeriebene Schale und Saft von ½ Bio-Zitrone
Pfeffer
250 g Vollkornnudeln
20 g geröstete Pistazien (gehackt)
20 ml Olivenöl

Für 2 Personen
Pro Portion: ca. 860 kcal, 20 g E, 42 g F, 85 g KH, 17 g BST

1 Die Kirschtomaten waschen, halbieren. Den Basilikum abbrausen, trocken schütteln und die Blätter abzupfen. Den Knoblauch schälen und in feine Scheiben schneiden.

2 In einer Pfanne das Olivenöl leicht erhitzen und den Knoblauch darin sachte erwärmen (er soll nicht braun werden). Die Kirschtomaten ebenfalls in die Pfanne geben. Mit etwas Salz, dem Honig und dem Balsamico würzen und die Tomaten dann sehr langsam schmelzen. (Das darf 15–20 Min. dauern, denn die Tomaten sollen nicht zur Sauce verkochen). Zum Schluss den Zitronensaft, etwas Pfeffer und die Hälfte des gezupften Basilikums dazugeben.

3 Währenddessen die Vollkornnudeln nach Packungsanleitung in reichlich Salzwasser bissfest kochen. Die Nudeln abgießen und, ohne sie vorher abzuschrecken, zu den geschmolzenen Tomaten in die Pfanne geben. Vorsichtig durchrühren und dann auf zwei Tellern anrichten.

4 Die abgeriebene Zitronenschale über der Pasta verteilen, das restliche Basilikum darüberzupfen, die Pistazien aufstreuen, noch einmal kräftig pfeffern und zum Schluss das Olivenöl aufträufeln.

Tipp

»Ohne Pasta passen die geschmolzenen Tomaten sehr gut als Vorspeise zu veganem Cashewkäse. Als Hauptgericht können Sie statt der Vollkornnudeln auch die Gnocchi von Seite 120 oder gebackenen Spaghettikürbis dazu reichen.«

Buchweizenpfannkuchen mit Radicchio und Heidelbeeren

Für 2 Personen
Pro Portion: ca. 280 kcal, 4 g E, 18 g F, 23 g KH, 2 g BST

1 Zuerst für den Teig Buchweizenmehl, Kaffee, Haferdrink, Ei und Backpulver in einer Schüssel gut verrühren, bis keine Klümpchen mehr zu sehen sind. Mit Salz, Pfeffer und Muskatnuss würzen und den Teig dann ca. 1 Std. abgedeckt in einer kühlen Ecke stehen lassen. So löst sich der Kleber des Mehls schön und die Pfannkuchen werden noch bekömmlicher.

2 Währenddessen für den Salat den Radicchio waschen, trocken schleudern und klein zupfen oder in feine Streifen schneiden. Das Olivenöl und den Zitronensaft verrühren und den Salat damit marinieren. Die Heidelbeeren abbrausen, vorsichtig trocken tupfen, halbieren und dazugeben.

3 In einer großen Pfanne 1 EL Rapsöl erhitzen, ein Viertel des Teigs darin zerfließen lassen und den Pfannkuchen von beiden Seiten hellbraun braten. Herausnehmen und im Ofen warm halten (80° Umluft). Mit dem Rest des Teiges ebenso fortfahren, dabei nach Bedarf das restliche Öl in die Pfanne geben.

4 Den Radicchio-Heidelbeer-Salat auf den warmen Pfannkuchen verteilen, diese dann einrollen oder einschlagen und sofort servieren.

Für die Pfannkuchen:

50 g Buchweizenmehl
50 ml kalter Kaffee (kann auch alt sein)
25 ml Haferdrink
1 Ei (ca. 50 g)
1 Msp. Backpulver
Salz, Pfeffer
geriebene Muskatnuss
2 EL Rapsöl

Für den Salat:

25 g Radicchio
1 EL Olivenöl
Saft von ¼ Zitrone
4 EL Heidelbeeren

Info

„Weil die Polyphenole in und direkt unter der Schale sitzen, sind Heidelbeeren mit viel Schale im Verhältnis zum Fruchtfleisch top! Ihre Anthocyane wie die Caffeoylchina- und die Chlorogensäure zählen mit zu den wirkmächtigsten Antioxidantien. Der Quercetingehalt ist ebenfalls hoch, v. a. bei Wildheidelbeeren. Auch in Buchweizen steckt eine Menge Quercetin, besser gesagt dessen Vorstufe Rutin, das die Gefäße stärken soll. V.a. aber ist das Pseudogetreide eine hervorragende Lysinquelle. Diese essenzielle Aminosäure ist unersetzlich für den Muskelaufbau, das Knochenwachstum, die Zellteilung und Wundheilung – und um andere Aminosäuren herzustellen.“

Gratinierte Kartoffeln mit Pestobohnen

Für 2 Personen
Pro Portion: ca. 1270 kcal, 26 g E, 96 g F, 61 g KH, 11 g BST

1 Den Backofen auf 180° (Umluft) vorheizen. Den Knoblauch schälen und eine Auflaufform damit ausreiben. Den Rosmarin fein hacken und in der Form verstreuen.

2 Die Kartoffeln schälen, halbieren, auf die Schnittfläche legen und 10- bis 15-mal von oben so einschneiden, dass sie unten nicht auseinanderfallen (wenn doch, einfach zusammenschieben). Dicht gedrängt in die Form setzen. Mit Salz und Muskatnuss würzen, die Sojasahne darübergießen (die Kartoffeln müssen nicht ganz bedeckt sein) und die Form für ca. 40 Min. in den Ofen schieben.

3 Währenddessen die Bohnen putzen und in reichlich Salzwasser 4–5 Min. sprudelnd kochen, sie sollten noch Biss haben. Abgießen, abschrecken und dann in einem Sieb abtropfen lassen.

4 Für das Pesto Pinienkerne bzw. Mandeln, Basilikum, Parmesan, Knoblauch und Öl in ein hohes Gefäß geben und mit dem Stabmixer pürieren. Anschließend mit Salz und Pfeffer würzen.

5 Die Form aus dem Ofen nehmen und ca. 5 Min. stehen lassen. Dabei saugen die Kartoffeln die restliche Sahne auf.

6 Um die Bohnen fertigzustellen, in einer großen Pfanne das Olivenöl und die Gemüsebrühe erhitzen. Die Bohnen darin rasch erhitzen, drei Viertel des Pestos dazugeben, durchschwenken und alles noch einmal mit Salz abschmecken.

7 Die Kartoffelhälften anrichten, je 1 Klecks Pesto dazugeben, die Bohnen danebenlegen und alles mit Nüssen, Parmesanspänen und gezupftem Basilikum garnieren.

Für die Kartoffeln:

1 Knoblauchzehe
10 Rosmarinnadeln
4 Kartoffeln (ca. 800 g)
Salz
geriebene Muskatnuss
200 g Sojasahne

Für die Bohnen:

250 g grüne Bohnen
20 ml Olivenöl
50 ml Gemüsebrühe
(Rezept Seite 182)

Fürs Pesto:

50 g geröstete Pinienkerne oder Mandeln
50 g Basilikumblätter
50 g geriebener Parmesan
½ Knoblauchzehe
100 ml Pflanzenöl
Salz, Pfeffer

Außerdem:

Nüsse, Parmesanspäne und Basilikum

Info

„Grüne Bohnen sind reich an Mineralstoffen und B-Vitaminen. Wie es aussieht, können außerdem die Isoflavone und Phytosterole in ihnen das Risiko für Krebs senken. Dasselbe soll für die reichlich enthaltenen Ballaststoffe gelten."

Wirsingtörtchen mit Thymian

Für 2 Personen
Pro Portion: ca. 390 kcal, 11 g E, 26 g F, 20 g KH, 9 g BST

200 g Kartoffeln
Salz
100 g Champignons
(ersatzweise Pilze der Saison)
1 Schalotte
1 Knoblauchzehe
8 Wirsingblätter
1 Eigelb
geriebene Muskatnuss
2 EL Olivenöl
2 Zweige Thymian
2 EL Rapsöl (plus etwas Öl für die Förmchen)
Pfeffer

1 Die Kartoffeln schälen und in reichlich Salzwasser 20–25 Min. weich kochen. Abgießen, ausdampfen und auskühlen lassen.

2 Die Pilze putzen und in Scheiben schneiden. Schalotte und Knoblauch schälen und fein schneiden.

3 Die Wirsingblätter waschen, jeweils die harte Blattrippe herausschneiden und die Blätter dann in kochendem Wasser ca. 1 Min. blanchieren. Herausnehmen, abschrecken, abtropfen lassen und auf die Größe der Muffinförmchen zurechtschneiden.

4 Die abgekühlten Kartoffeln in einer Schüssel zerstampfen. Das Eigelb unterrühren und mit Salz und Muskatnuss abschmecken.

5 In einer Pfanne das Olivenöl erhitzen. Schalotten und Knoblauch darin ca. 2 Min. anschwitzen. Die Pilze dazugeben und weitere ca. 5 Min. mitbraten. Dann die Thymianblättchen dazuzupfen.

6 Den Backofen auf 180° (Umluft) vorheizen. Vier Muffinförmchen leicht ölen. Abwechselnd Wirsing, Kartoffelmasse und Pilze hineinschichten. Mit Wirsing abschließen.

7 Das Rapsöl aufträufeln und die Törtchen im Ofen 25–30 Min. backen. Herausnehmen, vorsichtig aus der Form stürzen und heiß servieren.

Info

„Auf der Liste der pflanzlichen Folsäurequellen steht Wirsing ganz weit oben. Genauso enthält er viel blutdrucksenkendes Kalium und antioxidatives Vitamin C. Ein weiteres Plus: Weil sein Gehalt an entzündungshemmenden Senfölglykosiden niedriger (aber immer noch hoch) ist, schmeckt Wirsing deutlich milder als andere Kohlarten – gut für Einsteiger."

Beilagen

Mangold mit Kümmel und Safran

1 Bund Mangold (ca. 500 g)
2 Schalotten
1 TL Kümmel
2 EL Rapsöl
Salz
1 g Safran
3 EL heller Balsamicoessig
Pfeffer

Für 2 Personen
Pro Portion: ca. 170 kcal, 5 g E, 11 g F, 10 g KH, 6 g BST

1 Den Mangold putzen und waschen. Den Strunk entfernen und die Stiele von den Blättern befreien. Die Stiele anschließend in ca. 5 cm lange Stücke schneiden (dicke Stiele vorher evtl. der Länge nach halbieren. Sie sollten 1–2 cm breit sein.) Die Blätter in feine Streifen schneiden. Die Schalotten schälen und in feine Streifen schneiden.

2 Den Kümmel in einer Pfanne ohne Fett 3–5 Min. auf mittlerer Flamme rösten, bis er duftet.

3 In einem Topf Salzwasser zum Kochen bringen und die Mangoldstiele darin ca. 8 Min. kochen. In ein Sieb abgießen, abtropfen lassen und warm stellen.

4 Den Topf zurück auf den Herd stellen, 1 EL Rapsöl und 1 Prise Salz darin erhitzen, die geschnittenen Mangoldblätter dazugeben und ca. 5 Min. weich dünsten. Ebenfalls warm stellen.

5 Das restliche Rapsöl in den Topf geben und die Schalotten darin ca. 3 Min. anschwitzen. Die vorgegarten Mangoldstiele dazugeben und nochmals ca. 3 Min. mit anschwitzen. Dann den gerösteten Kümmel und den Safran dazugeben, mit Balsamico ablöschen und mit Salz und Pfeffer abschmecken. Mit den Mangoldblättern anrichten.

Passt gut zu gekochten Kartoffeln oder – wer's mag – zu Fisch.

Tipp

»Greifen Sie gerade bei nitrathaltigen Gemüsen wie Mangold auf Bio-Ware zurück und essen Sie sie zudem bevorzugt im Sommer. Denn es gilt: Je mehr Licht, desto weniger Nitrat. Um den Nitratgehalt zu »drücken«, empfiehlt es sich auch, Mangold länger zu kochen und das Garwasser anschließend zu entsorgen – so wie bei diesem Rezept.«

Rosmarin-tomaten

800 g reife Tomaten
100 ml Olivenöl
5 Knoblauchzehen
2 Zweige Rosmarin
1 TL Salz
Saft von 1 Zitrone
100 ml heller Balsamicoessig

Für 2 Personen
Pro Portion (abgetropft): ca. 190 kcal, 4 g E, 11 g F, 15 g KH, 5 g BST

1 Den Backofen auf 180° (Umluft) vorheizen. Die Tomaten waschen, die grünen Stielansätze keilförmig herausschneiden und die Früchte dann in ca. 1 cm dicke Scheiben schneiden.

2 Ein Backblech dünn mit Olivenöl einpinseln oder einreiben und die Tomatenscheiben nebeneinander darauflegen.

3 Den Knoblauch schälen. Die Nadeln vom Rosmarin abzupfen. Beides fein hacken und mit Salz, Zitronensaft, Balsamicoessig und Olivenöl verrühren. Gleichmäßig über den Tomaten verteilen.

4 Das Blech in den Ofen schieben und die Tomaten ca. 45 Min. backen. Sie sind fertig, wenn sich ein kleiner Krustenrand bildet. Noch heiß in saubere Gläser füllen und fest verschließen. Sie halten darin, immer gut mit Öl bedeckt, 6 bis 12 Monate.

Passt gut zu Brot und Gegrilltem.

Info

»Der »Superkraftstoff« der Tomate heißt Lycopin: Der rote Farbstoff schützt unsere Zellen und Gefäße und er kommt im Gegensatz zu vielen hitzeempfindlichen sekundären Pflanzenstoffen erst durchs Kochen richtig in Fahrt. Genauso steigt seine Bioverfügbarkeit, wenn Fett ins Spiel kommt, so wie hier die Olivenölmarinade. Untersuchungen haben übrigens gezeigt, dass Tomaten aus biologischem Anbau bis zu 80 Prozent mehr Quercetin – noch so ein Langlebigkeitselixier – enthalten als solche aus konventionellem Anbau.«

Kohlrabi mit japanischer Apfelsauce

1 Kohlrabi (250–300 g)
125 g weißer Balsamicoessig
125 g Sojasauce (salzarm)
125 g Mirin oder Apfelsaft
¼ Bio-Apfel (z.B. Gala, Braeburn)
½ TL Speisestärke

Für 2 Personen
Pro Portion: ca. 160 kcal, 6 g E, 2 g F, 22 g KH, 4 g BST

1 Den Kohlrabi schälen und horizontal zu 2 Medaillons schneiden.

2 Essig, Sojasauce und Mirin bzw. Apfelsaft in einen Topf geben und einmal aufkochen. Die Kohlrabimedaillons in diesen Teriyaki-Fond legen und auf kleinster Flamme ca. 20 Min. darin ziehen lassen. Danach den Herd ausschalten und den Deckel auf den Topf setzen.

3 Den Apfel in kleine Würfel schneiden (dabei das Kerngehäuse entfernen). 250 ml des Teriyaki-Fonds in eine kleine Pfanne umfüllen (der Kohlrabi zieht erst einmal im Rest weiter). Die Stärke mit 20 ml Wasser in einer Tasse glattrühren und den Fond damit köchelnd ca. 2 Min. andicken. Die Apfelwürfel dazugeben, umrühren und den Herd wieder ausschalten.

4 Die beiden Kohlrabimedaillons in die Apfelsauce legen und mit einem Löffel mehrmals mit der Sauce übergießen, also glasieren.

Passt gut zu Kartoffelstampf oder -püree.

Tipp

„Den restlichen Terriyaki-Fond können Sie im Kühlschrank aufbewahren und zum Würzen von Saucen, Suppen und Eintöpfen verwenden."

Gebratener Sellerie mit Johannisbeeren

1 kleiner Knollensellerie (ca. 500 g)
100 g Schwarze Johannisbeeren (ersatzweise auch rote)
2 EL Olivenöl
5 Thymianzweige
Salz, Pfeffer
geriebene Muskatnuss

Für 2 Personen
Pro Portion: ca. 160 kcal, 3 g E, 11 g F, 7 g KH, 9 g BST

1 Den Sellerie schälen und in ca. 2 cm große Würfel schneiden. Die Johannisbeeren kurz abbrausen, gut abtropfen lassen bzw. vorsichtig trocken tupfen und von den Stielchen zupfen.

2 In einer Pfanne das Öl mit der Hälfte der Thymianzweige erhitzen und den Sellerie darin bei kleiner Hitze ca. 10 Min. braten. Dabei gelegentlich umrühren.

3 Die restlichen Thymianblätter dazuzupfen, die Johannisbeeren in die Pfanne geben und ca. 2 Min. mit ziehen lassen. Mit Salz, Pfeffer und Muskatnuss abschmecken.

Schmeckt gut zu Salat.

Info

»Knollensellerie bringt hinsichtlich Polyphenolen Apigenin mit, ein zartgelber Pflanzenfarbstoff aus der Gruppe der Flavone mit entzündungshemmender Wirkung, der beispielsweise auch in Artischocken, Petersilie, Salbei und Kamille steckt. V.a. aber glänzt Sellerie durch seinen Gehalt an Folsäure, an der gerade im Alter oft ein Mangel besteht. Z.B. hält sie gemeinsam mit Vitamin B_6 (steckt ebenfalls in Sellerie) und B_{12} den Spiegel des Zellgifts Homocystein niedrig, wodurch u.a. das Risiko für Herzinfarkt und Schlaganfall sinkt. Das Vitamin C der Schwarzen Johannisbeeren hilft, die Gefäße elastisch und den Blutdruck niedrig zu halten, und kann damit ebenfalls die Herzgesundheit fördern. Weil die Beeren nur kurz mitziehen, bleibt das hitzeempfindliche Antioxidans sehr wirkmächtig.«

Möhren im eigenen Saft mit Koriander

4 Möhren
1 TL Koriandersamen
(nach Belieben)
2 Stängel Koriander oder Petersilie
200 ml Möhrensaft
2 EL Rapsöl
Saft von ¼ Zitrone
Salz

Für 2 Personen
Pro Portion: ca. 170 kcal, 1 g E, 10 g F, 14 g KH, 4 g BST

1 Die Möhren schälen und der Länge nach vierteln. Sind sie sehr lang, evtl. die Viertel nochmals halbieren.

2 Die Koriandersamen ohne Fett in einer kleinen Pfanne rösten, bis sie zu duften beginnen. Den frischen Koriander bzw. die Petersilie abbrausen, trocken schütteln, die Blätter abzupfen und fein hacken.

3 Möhrenviertel mit Möhrensaft, Rapsöl und 1 Prise Salz in einem Topf ohne Deckel bei kleiner bis mittlerer Hitze ca. 8 Min. dünsten. Die Flüssigkeit soll nicht verkochen, sondern schön glacieren. Mit Zitronensaft und Salz abschmecken.

4 Koriandersamen und gehackten Koriander bzw. Petersilie darübergeben und sofort servieren.

Passt gut zu Couscous und Bulgur oder zu schwarzen Bohnen.

Info

„Die Polyphenole in Möhren heißen Hydroxyzimtsäuren, bekämpfen freie Radikale und sollen zudem eine antivirale Wirkung haben. Erhitzen erhöht außerdem die Bioverfügbarkeit des reichlich in ihnen enthaltenen Betacarotins, der pflanzlichen Vorstufe von Vitamin A. Und das ist u. a. wichtig, um die Nervenzellen und das Hautgewebe gesund zu erhalten, rote Blutkörperchen und Knochenmaterial zu bilden."

Fenchel im Backpapier

1 Fenchel (ca. 200–300 g)
10 Kirschtomaten
10 Oliven (ohne Stein)
2 Knoblauchzehen
2 TL Honig
4 EL Olivenöl
abgeriebene Schale
von ½ Bio-Zitrone
1 Zweig Rosmarin
Salz, Pfeffer
Chlipulver (nach Geschmack)

Für 2 Personen
Pro Portion: ca. 260 kcal, 2 g E, 23 g F, 10 g KH, 3 g BST

1 Den Backofen auf 200° (Umluft) vorheizen. Den Fenchel putzen, waschen und in Spalten schneiden. Das Grün für die Garnitur beiseitelegen und die Fenchelspalten auf zwei Bögen Backpapier verteilen.

2 Die Kirschtomaten waschen, halbieren und zu den Fenchelspalten geben, genauso die Oliven und je 1 geschälte Knoblauchzehe.

3 Das Gemüse mit Honig und Olivenöl beträufeln, die abgeriebene Zitronenschale darüberstreuen und die Rosmarinnadeln dazuzupfen. Mit Salz und Pfeffer würzen – wer mag, gibt auch noch Chilipulver dazu.

4 Das Backpapier über dem Gemüse zusammenfassen und verdrehen oder mit einem Stück Küchenzwirn zusammenbinden bzw. mit einer Holzwäscheklammer zusammenhalten.

5 Die Päckchen in einer Auflaufform oder auf einem Backblech im Ofen ca. 12 Min. garen. Nach dem Öffnen noch das zarte Fenchelgrün aufstreuen.

Passt gut zu Fisch und Grillgerichten.

Info

»Fenchel besticht v. a. durch seinen Phenolsäuregehalt, bringt aber auch Quercetin mit, das zumindest in Tierversuchen das Langlebigkeitsenzym Sirtuin aktiviert. Außerdem liefert das Knollengemüse reichlich Betacarotin, das für die Augengesundheit wichtig ist. Weitere »Verjüngungsstoffe«: Vitamin B_1 für Nervensystem und Energiestoffwechsel, Folsäure für den DNA-Aufbau und die Zellteilung und Vitamin C als Schutz vor oxidativem Stress. Fenchel ist außerdem reich an Eisen.«

Brokkoli mit Ingwer und Chili

1 daumengroßes Stück Ingwer
1 rote Chilischote
Saft von 1 Zitrone
1 kleiner Brokkoli (ca. 300 g)
Salz
2 EL Olivenöl

Für 2 Personen
Pro Portion: ca. 140 kcal, 4 g E, 10 g F, 5 g KH, 3 g BST

1 Den Ingwer schälen und fein würfeln. Die Chili aufschneiden, entkernen, waschen und fein hacken. Beides in einer Tasse mit dem Zitronensaft verrühren.

2 Den Brokkoli putzen, waschen und in Röschen teilen. Den Stiel schälen und in entsprechend große Würfel schneiden.

3 Die Röschen und den zerkleinerten Stiel in etwas kochendem Salzwasser ca. 2 Min. garen. Sie sollen noch schön Biss haben. Abgießen, gut abtropfen lassen und noch heiß in eine Schüssel geben. Mit der Ingwer-Chili-Zitronen-Marinade übergießen und mit Salz abschmecken.

Passt gut zu Fisch oder auch einfach nur so.

Info

„Myrosinase, das Enzym, das das lebensverlängernde Sulforaphan im Brokkoli freisetzt, ist relativ hitzeempfindlich. Erhitzen Sie dieses Gemüse daher am besten immer nur kurz. Wer's verträgt, darf Brokkoli daher auch gern als Rohkost essen. Auch gut kauen hilft, den Superstoff freizusetzen.“

Gegrillter Lauch mit Meerrettich und Olivenöl

2 Stangen Lauch
2 EL Olivenöl
Salz
frischer Meerrettich

Für 2 Personen
Pro Portion: ca. 120 kcal, 2 g E, 10 g F, 3 g KH, 2 g BST

1 Den Lauch waschen, abtrocknen und das Grüne abschneiden. Dann die weißen Hälften auf einem heißen Grill fast schwarz grillen. Alternativ den Backofen auf 250° (Umluft) vorheizen und den Lauch darin 8–10 Min. schön dunkel rösten.

2 Nach dem Abkühlen die verbrannte Außenhaut und den Strunk entfernen. Das Herz jeweils in Stücke schneiden und diese auf zwei Teller verteilen. Je 1 EL Olivenöl und 1 Prise Salz darübergeben und zum Schluss nach Belieben noch frischen Meerrettich fein darüberreiben.

Passt gut zu Vollkornbrot und Hummus.

Info

»In Lauch steckt das Polyphenol Kaempferol, eins der am meisten untersuchten Flavonoide mit starken antioxidativen Eigenschaften. Das in ihm enthaltene Kaempferol, ein Phytoöstrogen, vermag zudem möglicherweise den Knochenschwund während oder nach der Menopause zu bremsen. Das Gemüse aus der Familie der Zwiebelgewächse ist außerdem reich an Vitamin C und Folsäure.«

Snacks, Süßes & Getränke

Gebackene Kichererbsen

150 g Kichererbsen (gekocht)
1 EL Rapsöl
½ TL Fenchelsamen
½ TL Kümmel
½ TL Koriandersamen
1 Msp. Paprikapulver
Salz (am besten Meersalz)

Für 2 Personen
Pro Portion: ca. 160 kcal, 6 g E, 7 g F, 14 g KH, 4 g BST

1 Den Backofen auf 200° (Umluft) vorheizen. Die Kichererbsen in einer Schüssel mit Öl und den Gewürzen gründlich vermengen und mit 1 Prise Salz würzen.

2 Die Kichererbsen auf ein Blech mit Backpapier verteilen und im Ofen 30–40 Min. backen. Sie sollten am Ende knusprig sein.

Tipp

„Die gebackenen Kichererbsen sind eine gesunde Knabberei, aber auch toll als Topping auf Salaten und Suppen. Luftdicht verschlossen halten sie sich 1–2 Wochen, frisch zubereitet schmecken sie aber am besten."

Grünkohlchips

250 g Grünkohl
50 ml geröstetes Sesamöl
50 ml Sojasauce
Chilipulver (nach Belieben)
1 TL Sesam (nach Belieben)

Für 2 Personen
Pro Portion: ca. 280 kcal, 5 g E, 26 g F, 3 g KH, 4 g BST

1 Den Backofen auf 180° (Umluft) vorheizen. Den Grünkohl vom Strunk befreien. Die Blätter waschen und gründlich trocken tupfen. Anschließend in einer Schüssel mit Sesamöl und Sojasauce marinieren.

2 Die Blätter auf Bleche mit Backpapier verteilen und im Ofen 8–10 Min. backen.

Info

„Grünkohl enthält wie alle Kreuzblütler viele Senfölglykoside und ist zudem sehr vitaminreich – hier ist v.a. das Vitamin K zu nennen, das bei der Blutgerinnung eine wichtige Rolle spielt. Aber auch Folsäure und Vitamin C sind reichlich vorhanden."

Eingelegte Radieschen

1 Bund Radieschen
200 ml Himbeeressig
½ TL Salz

Für 1 Glas (ca. 15 Radieschen)
Pro Stück (1/2 Radieschen): ca. 1 kcal, 0 g E, 0 g F, 1 g KH, 0 g BST

1 Die Radieschen putzen, waschen und halbieren. Mit Essig und Salz in ein sauberes großes Einmachglas geben. Das Glas 3 Tage kalt stellen und währenddessen gelegentlich vorsichtig schwenken.

Ideal als Snack, aber auch toll als Salatzutat oder zu Käse.

Tipp

» Das Grün der Radieschen ist zum Wegwerfen viel zu schade. Solange es noch schön frisch ist, können Sie es in einen Salat geben, es zu Pesto verarbeiten oder eine Suppe daraus kochen. «

Salzpflaumen

500 g Pflaumen (ersatzweise Mirabellen oder Aprikosen)
40 g Salz

Für ca. 14 Stück
Pro Portion: ca. 20 kcal, 0 g E, 0 g F, 4 g KH, 1 g BST

1 Die Pflaumen waschen, trocken tupfen (nicht entsteinen) und in einer Schüssel vorsichtig mit dem Salz mischen.

2 In ein großes Einmachglas oder eine Gefrierdose geben und 2–3 Tage warten, bis das Salz das Wasser aus den Früchten gezogen hat.

3 Jetzt müssen die Pflaumen 2–3 Wochen ziehen. Währenddessen immer wieder kontrollieren, ob sie komplett mit Salzlake bedeckt sind. Ansonsten etwas zusammendrücken.

4 Sind die Pflaumen lang genug gezogen, müssen sie im Backofen bei 50° (Umluft) noch ca. 12 Std. trocknen. Dabei am besten einen Kochlöffel in die Ofentür klemmen, damit die Feuchtigkeit abziehen kann. Gut verschlossen halten sich die Salzpflaumen anschließend 2–3 Monate.

Birnen in Sirup

10 kleine Birnen (ca. 1 kg; ersatzweise Äpfel)
1 Zimtstange
100 ml Ahornsirup
2 Nelken

Für 10 Stück
Pro Portion: ca. 80 kcal, 0 g E, 0 g F, 18 g KH, 3 g BST

1 Die Birnen waschen und so, wie sie sind, in einen ausreichend großen Topf stellen. Die Zimtstange durchbrechen und mit dem Ahornsirup und den Nelken dazugeben.

2 So viel Wasser aufgießen, dass die Birnen zu ca. einem Viertel bedeckt sind, und sie dann auf einer kleinen Flamme ca. 30 Min. garen, bis der Sirup angedickt ist.

3 Den Topf vom Herd nehmen, die Birnen darin abkühlen lassen und währenddessen immer wieder mit dem Sirup übergießen. Fest verschlossen halten sie danach im Kühlschrank 1–2 Wochen.

Passt gut zu Joghurt, aber auch zu Käse.

Info

» Ahornzucker sollte wie alle Süßungsmittel zwar mit Bedacht verwendet werden. Aber immerhin hat man in ihm verschiedene Lignane entdeckt, phytoöstrogenähnliche Pflanzenstoffe, die möglicherweise positiv auf die Herzgefäße und ausgleichend auf das Hormonsystem wirken.
Wie bei allen Süßspeisen gilt: Wenn Sie schon naschen, dann mit Genuss – und wenn es dem längeren Leben in Gesundheit dienen könnte, gern mit entsprechenden Zutaten. Birnen z.B. sind reich an Hydroxyzim- und Kaffeesäure und deren Estern, die antioxidativ, entzündungshemmend und immunstimulierend wirken sollen. «

Bananen-Hafer-Muffins

1 Banane (ca. 120 g)
100 g Joghurt (ersatzweise vegane Joghurtalternative)
60 g Hafermehl
wahlweise Zimt, Vanillemark, Zitronenabrieb oder dunkle Kakaonibs (mind. 70 % Kakao)
Rapsöl für die Form (alternativ Papierförmchen)

Für 2 Stück
Pro Portion: ca. 190 kcal, 7 g E, 4 g F, 30 g KH, 2 g BST

1 Den Backofen auf 180° (Umluft) vorheizen. Ein Muffinblech dünn mit Rapsöl auspinseln oder mit Papierförmchen auskleiden.

2 Die Banane schälen und in einer Schüssel mit der Gabel zerdrücken. Den Joghurt dazugeben und beides gründlich miteinander verrühren. Das Hafermehl untermischen. Nach Geschmack mit 1 Prise Zimt oder Vanillemark, mit Zitronenabrieb oder ein paar Kakaonibs verfeinern.

3 Den Teig in die Mulden des Muffinblechs geben und im Ofen 10–15 Min. backen. Alternativ die Muffins in der Mikrowelle auf höchster Stufe 1–2 Min. garen.

Info

» Die Banane selbst hat zwar kein Nervensystem, enthält aber trotzdem Neurotransmitter: Noradrenalin, Dopamin und Serotonin. Letztere sind auch als »Glückshormone« bekannt. Zwar ist fraglich, ob der Verzehr unserem Gehirn auf die Sprünge hilft. Sicher aber ist, dass sich in Bananen auch Polyphenole wie die Gallussäure finden, ein Bitterstoff, der auch in grünem Tee vorkommt (dort in weitaus höherer Dosis). Hafer ist reich an Betaglucanen, die nachweislich den Blutzucker- und den Cholesterinspiegel sowie das Risiko für koronare Herzkrankheiten senken können. «

Erdbeer-Granité

300 g reife Erdbeeren
50 ml Ahornsirup
Saft von je 1 Zitrone und Limette
1 TL rosa Pfeffer (zerstoßen)

Für 2 Personen
Pro Portion: ca. 140 kcal, 1 g E, 1 g F, 28 g KH, 3 g BST

1 Die Erdbeeren waschen, putzen und in einem hohen Gefäß mit dem Stabmixer pürieren. Zitronen- und Limettensaft unterrühren. Alles durch ein feines Sieb geben und mit Ahornsirup süßen.

2 Die Mischung in einem flachen Gefäß 3–4 Std. einfrieren. Dabei gelegentlich mit einer Gabel durchrühren, damit eine kristalline Masse entsteht, die sich später gut mit einem Löffel portionieren lässt. (Alternativ nach dem Frieren das Eis mit der Gabel abkratzen.)

3 Den rosa Pfeffer zerstoßen und auf das Granité streuen, servieren.

Zitronen-Mango-Granité

Saft von je 2 reifen Zitronen und Limetten (insges. 100–150 ml)
1 reife Mango
2 Zweige Thymian
1 Stängel Minze

Für 2 Personen
Pro Portion: ca. 110 kcal, 1 g E, 1 g F, 19 g KH, 2 g BST

1 Mango schälen, Fruchtfleisch vom Stein lösen und in einem hohen Gefäß mit dem Stabmixer pürieren (es sollten 200–250 g ergeben). Zitronen- und Limettensaft zufügen und alles durch ein feines Sieb passieren.

2 Die Mischung in einem flachen Gefäß 3–4 Std. einfrieren. Dabei gelegentlich mit einer Gabel durchrühren, damit eine kristalline Masse entsteht, die sich später gut mit einem Löffel portionieren lässt. (Alternativ nach dem Frieren das Eis mit der Gabel abkratzen.)

3 Thymian und Minze abbrausen, trocken schütteln und die Blätter abzupfen. Vor dem Servieren über das Granité streuen.

Info

Normalerweise verwendet man Zitrone in der Küche eher in kleinen Dosen. Hier kommen endlich mal Mengen zum Einsatz, bei denen ihre Inhaltsstoffe wirken können – an erster Stelle ist hier natürlich das Antioxidans Vitamin C zu nennen. Mango unterstützt dabei, denn die Syringinsäure in ihr soll ebenfalls antioxidativ wirken.

Goldene Milch

450 ml Mandel- oder Haferdrink (ohne Zuckerzusatz)
1 EL Dattelsirup
Mark von 1 Vanilleschote
1 Zimtstange
2 Pimentkörner
½ TL Kurkuma
1 Msp. geriebene Muskatnuss
je 1 Prise Salz und Pfeffer

Für 2 Personen
Pro Portion: ca. 60 kcal, 1 g E, 3 g F, 5 g KH, 1 g BST

1 Den Mandel- bzw. Haferdrink mit dem Dattelsirup sowie allen Gewürzen in einem kleinen Topf langsam aufkochen und dann ca. 5 Min. auf niedriger Temperatur köcheln lassen.

2 Den Topf vom Herd nehmen, die Milch noch weitere ca. 5 Min. ziehen lassen und dann durch ein feines Sieb in zwei Tassen oder hitzebeständige Gläser abgießen.

Info

»Kurkuma gilt wegen des darin enthaltenen Curcumins als antientzündlich und soll womöglich sogar Krebszellen an ihrer Teilung hindern. Weil es fettlöslich ist, sollte es immer entsprechend kombiniert werden, so wie hier mit der »Pflanzenmilch«. Außerdem hilft das Piperin des Pfeffers, seine Bioverfügbarkeit zu erhöhen.«

Rote-Bete-Tee mit Zimt

½ Rote Bete
1 Apfelscheibe
2 Sternanis
1 Zimtstange

Für 1 Person
Pro Portion: ca. 5 kcal, 0 g E, 0 g F, 1 g KH, 0 g BST

1 Die Rote Bete waschen und grob zerteilen (dabei am besten Einweghandschuhe tragen).

2 In einem kleinen Topf 250 ml Wasser zum Kochen bringen. Rote Bete, Apfel und Gewürze hineingeben und zugedeckt ca. 10 Min. ziehen lassen. Abgießen und heiß oder kalt genießen.

Fencheltee mit Birne und Salbei

¼ Fenchel
¼ Birne
2 Salbeiblätter
2 Wacholder
6 Pfefferkörner

Für 1 Person
Pro Portion: ca. 5 kcal, 0 g E, 0 g F, 1 g KH, 0 g BST

1 Fenchel und Birne waschen und grob zerteilen (das Kerngehäuse kann diesmal ruhig dranbleiben).

2 Mit den restlichen Zutaten in einen kleinen Topf geben. 250 ml Wasser dazugießen und zum Kochen bringen.

3 Den Topf vom Herd nehmen und den Tee zugedeckt ca. 10 Min. ziehen lassen. Durch ein Sieb abgießen und heiß oder kalt genießen.

Grundrezepte

Diese vier Rezepte tauchen immer mal wieder als Zutat in den anderen Rezepten dieses Buches auf. Legen Sie sich also ruhig gleich einen kleinen Vorrat an, dann können Sie auf entsprechende Fertigprodukte pfeifen und haben immer einen gesunden »Geschmacksbooster« parat.

Selbst gemachte Brühwürfel

Für ca. 30 Stück
Pro Portion: ca. 30 kcal, 0 g E, 1 g F, 2 g KH, 1 g BST

3 Pastinaken
2 Möhren
½ Kohlrabi
½ Sellerie
1 Lauch
½ Bund Petersilie
½ Bund Liebstöckel
2 Knoblauchzehen
1 Kurkumawurzel (nach Belieben)
4 EL Rapsöl
3 EL Salz (am besten Meersalz; alternativ 50 ml Sojasauce)
geriebene Muskatnuss

Pastinaken, Möhren, Kohlrabi und Sellerie schälen und fein würfeln. Lauch putzen, waschen und fein schneiden. Petersilie und Liebstöckel abbrausen und mitsamt der Stiele fein hacken. Den Knoblauch und ggf. die Kurkuma schälen und fein würfeln.

In einem großen Topf das Rapsöl erhitzen und die vorbereiteten Zutaten darin unter Rühren 3–5 Min. anschwitzen. Salzen bzw. mit Sojasauce würzen und alles langsam weich dünsten. Das dauert ca. 15 Min. Zwischendurch immer wieder rühren.
Wenn das Gemüse schön weich ist, die Mischung mit dem Stabmixer nicht zu fein pürieren und in einer mit Backpapier ausgelegten Auflaufform ausstreichen.
Die Form abdecken, über Nacht einfrieren und die harte Masse am nächsten Tag in ca. streichholzschachtelgroße Stücke portionieren.
Die einzelnen Brühwürfel in Backpapier einschlagen, in eine Gefrierdose geben und einfrieren.
Bei Bedarf einzelne Würfel herausnehmen und mit kochendem Wasser übergießen.

1 Würfel aromatisiert ca. 500 ml Wasser und ersetzt jede frische Gemüsebrühe – ganz ohne Hefezusatz oder andere Geschmacksverstärker.

Pho – vietnamesische Brühe

Für ca. 500 ml
Pro 100 ml: ca. 20 kcal, 1 g E, 0 g F, 2 g KH, 0 g BST

1 mittelgroße Zwiebel
1 daumengroßes Stück Ingwer
2 Sternanis
½ Zimtstange
600 ml Gemüsebrühe
1 Knoblauchzehe
10 g getrocknete Shiitakepilze (ersatzweise 100 g geputzte Champignons)
1 EL Dattelsirup
2 EL Sojasauce

Von der Zwiebel nur die äußerste Schale abziehen und sie dann halbieren. Ingwer ungeschält in grobe Scheiben schneiden. Beides mit Sternanis und Zimt in einem großen Topf ohne Öl bei hoher Hitze und unter Rühren ca. 8 Min. rösten. Die Gewürze aus dem Topf nehmen. Von der Zwiebel und dem Ingwer die zu schwarz gerösteten Stellen entfernen. Den Rest zurück in den Topf geben und mit Brühe aufgießen. Den Knoblauch schälen und grob hacken. Zusammen mit den Pilzen zur Brühe geben. Mit Dattelsirup würzen, aufkochen und zugedeckt bei geringer Hitze ca. 20 Min. köcheln lassen. Durch ein Sieb abgießen und mit Sojasauce würzen.
Tipp: Die Pho lässt sich problemlos portionsweise einfrieren.

Mandelbutter aus zwei Zutaten

Für ca. 250 g
Pro Portion (10 g): ca. 70 kcal, 2 g E, 6 g F, 0 g KH, 1 g BST

300 g Mandeln (mit Haut; wegen des Geschmacks am besten bio)
Salz (am besten grobes Meersalz)

Die Mandeln portionsweise ohne Fett in einer Pfanne sanft rösten, ohne dass sie viel Farbe annehmen. (Alternativ die Mandeln auf einem mit Backpapier ausgelegten Blech ausbreiten und im Ofen (160° Umluft) ca. 30 Min. rösten. Dabei gelegentlich wenden.)
Geröstete Mandeln in einem Mixer auf kleiner Stufe kurz mixen. Die Reste mit einem Teigspatel von der Innenwand des Mixbehälters herunterschaben und weitere ca. 2 Min. auf kleiner Stufe mixen. Wenn nötig, immer wieder anhalten und die Mandelstücke von der Innenwand schaben, damit auch wirklich alles zerkleinert wird.
Das Ganze anschließend ca. 5 Min. stehen lassen, damit das aromatische Öl aus den Mandeln tritt. Dann nochmals auf kleiner Stufe mixen, bis die Mandeln weich und cremig werden (fast flüssig.)
1 Prise Salz dazugeben und ein letztes Mal kurz durchmixen, damit es sich gut verteilt.
Die Mandelbutter in ein sauberes Schraubglas füllen. Im Kühlschrank hält sie sich mind. 3 Monate.

Apfelsüß – Stephans Zuckerersatz

Für 100 ml
Pro Portion: ca. 20 kcal, 0 g E, 0 g F, 5 g KH, 0 g BST

2 kg Äpfel oder 1 l naturtrüber Apfelsaft

Die Äpfel waschen, entsaften und den Saft anschließend durch ein feines Sieb passieren.
Den Saft in einen Topf geben und bei mittlerer Flamme ohne Deckel auf 100 ml reduzieren. Auskühlen lassen.
In ein sauberes Glas gefüllt hält sich das Apfelsüß gut verschlossen im Kühlschrank mind. 2–3 Monate. Sie wird dann fester, bei Zimmertemperatur aber wieder flüssiger.

» Das Apfelsüß kann als Honig- oder Zuckeralternative verwendet werden. Wenn man säuerliche Äpfel, wie z.B. Boskop verwendet, schmeckt sie fast wie eine dickflüssige Balsamicoglace und kann wie Granatapfelsirup verwendet werden. Wer es lieber süß mag, verwendet z.B. Cox Orange. «

Quellen

[1] aerzteblatt.de „Neuer Höchststand bei Zahl der mindestens Hundertjährigen“ 12.7.2022

[2] https://munin.uit.no/handle/10037/24884

[3] https://www.lifespan.io/news/the-perfect-diet-can-increase-lifespan-by-13-years/#:~:text=Overall%2C%20the%20researchers%20estimate%20that,increase%20his%20by%2013%20years.

[4] https://www.psu.edu/news/research/story/older-adults-more-likely-have-multiple-health-ailments-prior-generations/

[5] https://nachrichten.cyou/human-calorie-restriction-trial-identifiziert-schluesselfaktor-fuer-die-verlaengerung-der-gesundheitsspanne/

[6] https://longevity.technology/valter-longo-everybodys-fasting-but-fasting-is-just-a-word/#:~:text=%E2%80%9Cso%20now%20everybody‘s%20fasting%2C%20and,you%20and%20terrible%20for%20you.

[7] https://www.aerzteblatt.de/nachrichten/134516/Intervallfasten-Abendlicher-Verzicht-effektiver-als-morgendliches-Fasten

[8] https://www.genengnews.com/news/caloric-restrictions-effect-on-lifespan-extension-in-mice-depends-on-timing/

[9] https://www.mrc-bsu.cam.ac.uk/blog/genetic-study-provides-new-evidence-that-alcohol-accelerates-biological-ageing/#:~:text=-Genetic%20study%20provides%20new%20evidence%20that%20alcohol%20accelerates%20biological%20ageing,-July%2027%2C%202022&text=-Results%20of%20a%20new%20analysis,DANN%2C%20by%20shortening%20protective%20telomeres.

[10] https://www.bmj.com/company/newsroom/new-evidence-links-ultra-processed-foods-with-a-range-of-health-risks/

[11] https://www.health.harvard.edu/blog/what-are-ultra-processed-foods-and-are-they-bad-for-our-health-2020010918605

[12] https://dge.de/blog/2022/05/12/hochverarbeitete-lebensmittel/

[13] https://bellevue.nzz.ch/kochen-geniessen/fleisch-ersatz-wie-ungesund-sind-vegane-fertigprodukte-ld.1666241

[14] https://www.dge.de/presse/pm/was-isst-deutschland/

[15] https://www.dw.com/de/wie-krank-macht-fleisch/a-61670781; https://www.dge.de/presse/pm/gut-fuer-die-gesundheit-viel-gemuese-und-obst-weniger-fleisch/

[16] https://albert-schweitzer-stiftung.de/aktuell/fleischalternativen-im-test

[17] https://www.yumda.de/news/1161406/studie-rotes-fleisch-und-weisses-fleisch-koennen-den-cholesterinspiegel-erhoehen.html

[18] https://academic.oup.com/ajcn/article/110/1/24/5494812?login=false

[19] https://pubmed.ncbi.nlm.nih.gov/35487190/

[20] https://www.sciencedirect.com/science/article/pii/S155041311400062X

[21] https://www.semanticscholar.org/paper/Xenohormesis%3A-Applying-Evolutionary-Principles-to-Suter-Lucock/bebef8f14c1ccfa6f40a7d2cc96f9a4d0661b44f

[22] https://www.ncbi.nlm.nih.gov/pmc/articles/PMC7918214/

[23] https://www.frontiersin.org/articles/10.3389/fnagi.2017.00018/full

[24] https://www.ub.edu/web/ub/en/menu_eines/noticies/2021/10/037.html

[25] https://www.lifespan.io/news/blueberry-extract-reduces-aging-biomarkers-in-rat-livers/

[26] https://www.brighamhealthonamission.org/2022/07/21/cocoa-

extract-supplementation-shows-promise-in-reducing-cardiovascular-events/

[27] https://www.aerzteblatt.de/nachrichten/136218/Freizeitsport-Sterberisiko-sinkt-nur-bei-moderater-koerperlicher-Aktivitaet-mit-zunehmender-Dauer#:~:text=Die%20kardiovaskul%C3%A4re%20Mortalit%C3%A4t%20wurde%20um,wie%20im%20empfohlene%20MGA%2DBereich

[28] Küstenmacher W. T.: Limbi. Der Weg zum Glück führt durchs Gehirn. Campus Verlag, Frankfurt a. M.

[29] https://www.geo.de/magazine/geo-wissen-ernaehrung/46-rtkl-ernaehrungspsychologie-wie-aeussere-reize-unser-essverhalten#:~:text=Experimente%20haben%20gezeigt%2C%20dass%20wir,im%20Beisein%20von%20Freunden%20entspannen.

[30] https://www.diabetologie-online.de/a/wie-gefuehle-das-essverhalten-praegen-1678241#:~:text=Essen%20als%20Stresskiller&text=Sie%20essen%20nicht%20we-gen%20eines,f%C3%BCr%20eine%20gef%C3%BChlsgesteuerte%20Ess%2DAttacke5

[31] chrome-extension://efaidnbmnnnibpcajpcglclefindmkaj/http://www.marktplatzbildung.de/uploads/Scrip-te%2014ter%20MB/Gesundheitsverhalten%20im%20Spiegel%20der%20Neuropaedagogik-06.04.10.pdf

[32] vgl. Fußnote 28

[33] Dr. Hans Fleischhut: Gesundheitsverhalten im Spiegel der Neuropädagogik, in: Ernährung im Fokus 10-4/10, S. 146–152

Quellen zum Lebensmittelranking

Andersen O. W./Markham K. H.: Flavonoids – Chemistry, Biochemistry and Applications. (2006) CRC Press, Taylor & Francis Group

Bundeslebensmittelschlüssel. www.ernaehrung.de (letzter Zugriff 16.12.22)

de Araújo F. et al.: Polyphenols and their applications: An approach in food chemistry and innovation potential. In: Food Chemistry (2021) 338; 127535

Deutsche Gesellschaft für Ernährung: Referenzwerte für die Nährstoffzufuhr (2. Auflage, 7. aktualisierte Ausgabe 2021)

Heimisches Obst und Gemüse – wann gibt es was? www.verbraucherzentrale.de (letzter Zugriff 19.12.22)

Perez-Jiménez J. et al.: Identification of the 100 richest dietary sources of polyphenols: an application of the Phenol-EXlorer database: In: European Journal of Clinical Nutrition (2010) 64, S.112–120

Rajha H. et al.: Recent Advances in Research on Polyphenols: Effects on Microbiota, Metabolism and Health. In: Molecular Nutrition & Food Research (2022) 66; e2100670

Souci S. W./Fachmann W./Kraut H.: Die Zusammensetzung der Lebensmittel – Nährwerttabellen (8. Auflage 2016). Wissenschaftliche Verlagsgesellschaft, Stuttgart

Umfassende Datenbank zum Polyphenolgehalt in Lebensmitteln. http://phenol-explorer.eu/ (letzter Zugriff 19.12.22)

Yuan C. et al.: Long-term intake of vegetables and fruits and subjective cognitive function in US men. In: Neurology (2019) 92; e63-e75

Sachregister

A
Ahornzucker 172
Alkohol 12, 17, 19
Alternativ-Belohnungsliste 29
Aminosäuren, verzweigtkettige 15, 68
Anthocyane 42, 64, 78, 143
Autophagie 16, 42, 82, 98, 138

B
Ballaststoffe 14, 15, 26, 38, 64, 74, 97, 98, 102, 114, 145
BCAA 15
Bewegung 18, 19, 43
Bitterstoffe 62, 76, 81
Blauschimmelkäse 54

D
Darmmikrobiom 16, 42, 48, 54, 74, 97

E
Einladungen 33
Eiweiß 14 f., 68
Ernährungstagebuch 21, 22, 23, 24, 25, 27, 28, 31
Ernährungsumstellung 18 ff.
Essverhalten 6,18, 24, 27, 28

F
Fermentation 36
Fett 15, 17, 19, 20, 152
Fisch 14, 17, 27, 119
Fleisch 12, 13 f., 17, 19, 23, 29, 32
Fleischersatz 13, 17
Frischkäse, körniger 136

H
Hunger 12, 17, 20, 21, 22, 24 f., 26, 29 f.

I
individuelles Skript 24
innere Umprogrammierung 21 ff.
inneres Stoppschild 30
Intervallfasten 11 f., 17, 29, 75
Inulin 64, 74

K
Kantine 33
Kohlenhydrate 7, 14 f., 17, 41, 74
körniger Frischkäse 136
kulturelles Skript 23 f.

L
Langlebigkeitsvision 27
Lignane 64, 73, 172
limbisches System 19 ff., 23, 24, 25, 27, 28, 29, 30
Lycopin 40, 152

M
Meetings 33
Mere-Exposure-Effekt 30

N
Nitrat 38, 39, 41, 61, 78, 150
Nitrit 39

O
Omega-3-Fettsäuren 14, 15, 82
Organisation 32 f.
Oxalsäure 38 f., 61, 78

P
Polyphenole 16, 34 f., 36 f., 38, 40, 41, 42, 73, 115, 143, 156, 158, 175
positive Wortwahl 31 f.
Proteine 13, 14 f., 17, 36, 38, 68, 138
Purin 39

Q
Quercetin 35, 40, 56, 143, 152, 160

R
Restaurantbesuche 33
Resveratrol 12, 68, 82
Rutin 56, 143

S
Sättigung 30 f.
sekundäre Pflanzenstoffe 7, 15 f., 34, 35, 36,37, 40, 43
Selbstbeobachtung 22 f.
Selbstbewertung 23 f.
Selbstverstärkung 25 ff.
Senfölglykoside 64, 112, 135, 146, 168
Skript, individuelles 24
–, kulturelles 23 f.
–, soziales 24
Stoppschild, inneres 30
Sulforaphan 35, 95, 163

U
ultrahochverarbeitete Lebensmittel 12 f., 17, 19
Umprogrammierung, innere 21 ff.
UPF 12 f., 17

V
Verjüngungs-Hitlisten 44 ff.
–, Gemüse 44 ff.
–, Hülsenfrüchte 48
–, Kräuter 49
–, Nüsse/Schalenfrüchte 48
–, Obst 47
–, Pilze 49
verzeihen 31
verzweigtkettige Aminosäuren 15, 68

W
Wegbegleiter 29
Wortwahl, positive 31 f.
Wurstwaren 12, 13, 17

Z
Zucker 12, 13, 14, 16, 17, 19, 20, 24, 25, 28, 40

Rezeptregister

A

Apfel
– Bittersalat mit Apfel und Frischkäse 76
– Kohlrabi mit japanischer Apfelsauce 155
– Topinamburtatar mit Apfel-Sellerie-Salsa 74

Artischocke
– Artischocke mit Balsamdip 108
– Kamilleneintopf mit Möhre und gerösteter Kleie 97
– Kürbistopf mit Mungbohnen und Zitronenthymian 90
– Schwarzwurzel mit Topinambur in Ceylon Assam 98

Asiatischer Krautsalat mit grüner Paprika 73

Aubergine
– Auberginensalat mit Bohnen, Maronen und Rotkohl 119
– Igelstachelbart mit Ratatouille 129

B

Bananen-Hafer-Muffins 175

Bärlauch
– Spinatsuppe mit Bärlauch und Knoblauchmandeln 100

Birne
– Birnen in Sirup 172
– Bohneneintopf mit Birne 105
– Fencheltee mit Birne und Salbei 180

Bittersalat mit Apfel und Frischkäse 76

Blumenkohl
– Cremiger Bulgur mit Pilzen und Blumenkohl 117
– Spitzkohl auf Blumenkohl mit Mandel-Orangen-Vinaigrette 135

Bohnen
– Auberginensalat mit Bohnen, Maronen und Rotkohl 119
– Bohneneintopf mit Birne 105
– Dicke Bohnen mit Löwenzahn und Kräuterkartoffeln 81
– Gratinierte Kartoffeln mit Pestobohnen 144
– Grünes Gemüse-Chop-Suey 126
– Kürbistopf mit Mungbohnen und Zitronenthymian 90

Brokkoli
– Brokkoli mit Ingwer und Chili 163
– Brokkolicremesuppe 95
– Dip mit Möhre, Brokkoli und Pilzen 84
– Grünes Gemüse-Chop-Suey 126

Brombeeren
– Gebackene Petersilienwurzel mit Brombeeren und Rosmarin 124
– Spinat-Brombeer-Salat mit Roter Bete und Walnuss 78

Buchweizenpfannkuchen mit Radicchio und Heidelbeeren 143

Bulgur, cremiger, mit Pilzen und Blumenkohl 117

C

Chicorée
– Bittersalat mit Apfel und Frischkäse 76
– Dip mit Rote Bete, Fenchel und Chicorée 85
– Roter Chicorée mit Kirschen und Frischkäse 62

Cremiger Bulgur mit Pilzen und Blumenkohl 117

D

Dicke Bohnen mit Löwenzahn und Kräuterkartoffeln 81

Dips
– Möhre, Brokkoli und Pilze 84
– Möhre, Paprika und Mais 85
– Rote Bete, Fenchel und Chicorée 85

E

Eingelegte Radieschen 170

Erbsen
– Brokkolicremesuppe 95
– Grünes Gemüse-Chop-Suey 126

Erdbeer-Granité 177

F

Fenchel
– Dip mit Rote Bete, Fenchel und Chicorée 85
– Fenchel im Backpapier 160
– Fenchelsauerkraut mit Süßkartoffelstampf 110
– Fencheltee mit Birne und Salbei 180
– Spinat, Spinatsalat mit Fenchel und Möhrendressing 61

G

Gebackene Kichererbsen 168

Gebackene Petersilienwurzel mit Brombeeren und Rosmarin 124

Gebratener Sellerie mit Johannisbeeren 156

Gegrillter Lauch mit Meerrettich und Olivenöl 164

Gemüse-Chop-Suey, grünes 126

Getränke
– Fencheltee mit Birne und Salbei 180
– Goldene Milch 178
– Rote-Bete-Tee mit Zimt 180

Gnocchi in Rote Bete mit Spargel 120

Goldene Milch 178

Granité
– Erdbeer-Granité 177
– Gurken-Granité mit Minze und Dill 67
– Zitronen-Mango-Granité 177

Gratinierte Kartoffeln mit Pestobohnen 144

Grüner Spargel mit Roten Johannisbeeren 56

Grünes Gemüse-Chop-Suey 126

Grünkohlchips 168

Gurken-Granité mit Minze und Dill 67

H

Heidelbeeren
– Buchweizenpfannkuchen mit Radicchio und Heidelbeeren 143

I

Igelstachelbart mit Ratatouille 129

J

Johannisbeeren
- Gebratener Sellerie mit Johannisbeeren 156
- Grüner Spargel mit Roten Johannisbeeren 56
- Kohlrabisalat mit Oliven und Schnittlauch 59

K

Kartoffeln
- Dicke Bohnen mit Löwenzahn und Kräuterkartoffeln 81
- Gnocchi in Rote Bete mit Spargel 120
- Gratinierte Kartoffeln mit Pestobohnen 144
- Ofenkartoffeln mit Meerrettichjoghurt und Feldsalat 122
- Paprika-Kartoffel-Türmchen mit Rucola 114
- Spinatsuppe mit Bärlauch und Knoblauchmandeln 100
- Steckrübenreibekuchen mit körnigem Kräuterfrischkäse 136
- Wirsingtörtchen mit Thymian 146

Kichererbsen, gebackene 168

Kirschen
- Roter Chicorée mit Kirschen und Frischkäse 62

Kamilleneintopf mit Möhre und gerösteter Kleie 97

Kohlgratin 112

Kohlrabi
- Kohlrabisalat mit Oliven und Schnittlauch 59
- Kohlrabi mit japanischer Apfelsauce 155
- Vollkornreistopf mit Kohlrabi und Pak Choi 102

Kürbis
- Kürbistopf mit Mungbohnen und Zitronenthymian 90
- Ofenkürbis mit Pistazien und Pilzragout 138

L

Lauch
- Gegrillter Lauch mit Meerrettich und Olivenöl 164
- Petersilienwurzelcremesuppe mit geröstetem Vollkornbrot 88
- Spinatsuppe mit Bärlauch und Knoblauchmandeln 100

Linsen
- Roter Salat mit Linsendressing 68
- Überbackener Mangold mit roten Linsen 131

Löwenzahn
- Dicke Bohnen mit Löwenzahn und Kräuterkartoffeln 81

M

Mandeln
- Gratinierte Kartoffeln mit Pestobohnen 144
- Paprika-Kartoffel-Türmchen mit Rucola 114
- Spinatsuppe mit Bärlauch und Knoblauchmandeln 100
- Spitzkohl auf Blumenkohl mit Mandel-Orangen-Vinaigrette 135

Mango
- Zitronen-Mango-Granité 177

Mangold
- Grünes Gemüse-Chop-Suey 126
- Mangold mit Kümmel und Safran 150
- Mangoldsuppe mit Kokos und Curry 92
- Überbackener Mangold mit roten Linsen 131

Maronen
- Auberginensalat mit Bohnen, Maronen und Rotkohl 119
- Schwarzwurzel mit Topinambur in Ceylon Assam 98

Möhre
- Asiatischer Krautsalat mit grüner Paprika 73
- Dip mit Möhre, Brokkoli und Pilzen 84
- Dip mit Möhre, Paprika und Mais 85
- Kamilleneintopf mit Möhre und gerösteter Kleie 97
- Kohlgratin 112
- Kürbistopf mit Mungbohnen und Zitronenthymian 90
- Möhren im eigenen Saft mit Koriander 158
- Spinatsalat mit Fenchel und Möhrendressing 61
- Überbackener Mangold mit roten Linsen 131
- Vollkornspaghetti mit Pumpernickel-Bolognese 132

O

Ofenkartoffeln mit Meerrettichjoghurt und Feldsalat 122

Ofenkürbis mit Pistazien und Pilzragout 138

Oliven
- Fenchel im Backpapier 160
- Kohlrabisalat mit Oliven und Schnittlauch 59
- Überbackener Mangold mit roten Linsen 131

Orange
- Schwarzwurzelsalat mit Rotkohl und Orange 64
- Spitzkohl auf Blumenkohl mit Mandel-Orangen-Vinaigrette 135

P

Pak Choi
- Vollkornreistopf mit Kohlrabi und Pak Choi 102

Paprika
- Asiatischer Krautsalat mit grüner Paprika 73
- Dip mit Möhre, Paprika und Mais 85
- Grünes Gemüse-Chop-Suey 126
- Paprika-Kartoffel-Türmchen mit Rucola 114
- Überbackener Mangold mit roten Linsen 131

Pastinake
- Kohlgratin 112
- Spinatsuppe mit Bärlauch und Knoblauchmandeln 100
- Überbackener Mangold mit roten Linsen 131

Petersilienwurzel
- Gebackene Petersilienwurzel mit Brombeeren und Rosmarin 124
- Petersilienwurzelcremesuppe mit geröstetem Vollkornbrot 88

Pilze
- Cremiger Bulgur mit Pilzen und Blumenkohl 117
- Dip mit Möhre, Brokkoli und Pilzen 84
- Grünes Gemüse-Chop-Suey 126
- Igelstachelbart mit Ratatouille 129
- Ofenkürbis mit Pistazien und Pilzragout 138
- Wirsingtörtchen mit Thymian 146

R

Radicchio
– Bittersalat mit Apfel und Frischkäse 76
– Buchweizenpfannkuchen mit Radicchio und Heidelbeeren 143
Radieschen, eingelegte 170
Rosenkohl mit Trauben und Walnuss 82
Rosmarintomaten 152
Rote Bete
– Dip mit Rote Bete, Fenchel und Chicorée 85
– Rote Bete mit Kümmel und Blauschimmel 54
– Rote-Bete-Tee mit Zimt 180
– Spinat-Brombeer-Salat mit Roter Bete und Walnuss 78
Roter Chicorée mit Kirschen und Frischkäse 62
Roter Salat mit Linsendressing 68
Rotkohl
– Auberginensalat mit Bohnen, Maronen und Rotkohl 119
– Schwarzwurzelsalat mit Rotkohl und Orange 64
Rucola
– Bittersalat mit Apfel und Frischkäse 76
– Paprika-Kartoffel-Türmchen mit Rucola 114

S

Salat
– Asiatischer Krautsalat mit grüner Paprika 73
– Bittersalat mit Apfel und Frischkäse 76
– Grüner Spargel mit Roten Johannisbeeren 56
– Kohlrabisalat mit Oliven und Schnittlauch 59
– Ofenkartoffeln mit Meerrettichjoghurt und Feldsalat 122
– Roter Chicorée mit Kirschen und Frischkäse 62
– Roter Salat mit Linsendressing 68
– Schwarzwurzelsalat mit Rotkohl und Orange 64
– Spinat-Brombeer-Salat mit Roter Bete und Walnuss 78
– Spinatsalat mit Fenchel und Möhrendressing 61
Salzpflaumen 170
Schwarzwurzel
– Schwarzwurzel mit Topinambur in Ceylon Assam 98
– Schwarzwurzelsalat mit Rotkohl und Orange 64
Sellerie
– Brokkolicremesuppe 95
– Gebratener Sellerie mit Johannisbeeren 156
– Petersilienwurzelcremesuppe mit geröstetem Vollkornbrot 88
– Topinamburtatar mit Apfel-Sellerie-Salsa 74
– Vollkornspaghetti mit Pumpernickel-Bolognese 132
Spargel
– Grüner Spargel mit Roten Johannisbeeren 56
– Gnocchi in Rote Bete mit Spargel 120
– Grünes Gemüse-Chop-Suey 126
– Spargel mit Haselnuss und Zitrone 70
Spinat
– Spinat-Brombeer-Salat mit Roter Bete und Walnuss 78
– Spinatsalat mit Fenchel und Möhrendressing 61
– Spinatsuppe mit Bärlauch und Knoblauchmandeln 100
Spitzkohl auf Blumenkohl mit Mandel-Orangen-Vinaigrette 135
Steckrübenreibekuchen mit körnigem Kräuterfrischkäse 136
Suppe
– Bohneneintopf mit Birne 105
– Brokkolicremesuppe 95
– Kamilleneintopf mit Möhre und gerösteter Kleie 97
– Kürbistopf mit Mungbohnen und Zitronenthymian 90
– Mangoldsuppe mit Kokos und Curry 92
– Petersilienwurzelcremesuppe mit geröstetem Vollkornbrot 88
– Schwarzwurzel mit Topinambur in Ceylon Assam 98
– Spinatsuppe mit Bärlauch und Knoblauchmandeln 100
– Vollkornreistopf mit Kohlrabi und Pak Choi 102
Süßkartoffel
– Fenchelsauerkraut mit Süßkartoffelstampf 110

T

Tomaten
– Fenchel im Backpapier 160
– Igelstachelbart mit Ratatouille 129
– Rosmarintomaten 152
– Spinatsalat mit Fenchel und Möhrendressing 61
– Vollkornpasta mit geschmolzenen Tomaten und Zitrone 141
– Vollkornspaghetti mit Pumpernickel-Bolognese 132
Topinambur
– Bohneneintopf mit Birne 105
– Schwarzwurzel mit Topinambur in Ceylon Assam 98
– Topinamburtatar mit Apfel-Sellerie-Salsa 74
Trauben
– Rosenkohl mit Trauben und Walnuss 82

U

Überbackener Mangold mit roten Linsen 131

V

Vollkornpasta mit geschmolzenen Tomaten und Zitrone 141
Vollkornreistopf mit Kohlrabi und Pak Choi 102
Vollkornspaghetti mit Pumpernickel-Bolognese 132

W

Walnüsse
– Paprika-Kartoffel-Türmchen mit Rucola 114
– Rosenkohl mit Trauben und Walnuss 82
– Spinat-Brombeer-Salat mit Roter Bete und Walnuss 78
Weißkohl
– Asiatischer Krautsalat mit grüner Paprika 73
– Kohlgratin 112
Wirsingtörtchen mit Thymian 146

Z

Zitronen-Mango-Granité 177
Zucchini
– Igelstachelbart mit Ratatouille 129
Zuckerschoten
– Grünes Gemüse-Chop-Suey 126

Über die Autoren

Nina Ruge

Nina Ruge ist Fernsehmoderatorin und Journalistin. Aus Nachrichtensendungen und erfolgreichen eigenen Formaten wie »Leute heute« ist sie einem großen Publikum bekannt. Sie ist Autorin und moderiert unter anderem Kongresse und verschiedene Talk-Formate. Die studierte Biologin hat bereits etliche populärwissenschaftliche Bücher zu medizinischen Themen verfasst. Die Zellbiologie des Alterns ist nun seit Jahren zu ihrer großen Leidenschaft geworden. Bei GU sind zu diesem Thema bereits »Altern wird heilbar – jung bleiben mit der Kraft der drei Zellkompetenzen«, »Verjüngung ist möglich. Wissenschaftlich erforscht – was wirklich hilft« und (gemeinsam mit Stephan Hentschel) »Das Verjüngungskochbuch« erschienen.

Stephan Hentschel

Stephan Hentschel ist seit 15 Jahren Küchenchef des Berliner Restaurants »Cookies Cream«, das seit 2018 durchgehend mit einem Michelin-Stern ausgezeichnet ist. Seine Gerichte stehen für Experimentierfreude und Kreativität und zeigen, wie großartig gesunde und nachhaltige Ernährung schmecken kann. Als ausgewiesener Gemüse- und Kräuterexperte ist er überzeugt von der Notwendigkeit einer Ernährungsrevolution.

Gunter P. Eckert

Dr. Gunter P. Eckert ist Professor für Ernährung in Prävention und Therapie am Institut für Ernährungswissenschaft der Justus-Liebig-Universität Gießen. Als Lebensmittelchemiker und Fachpharmakologe erforscht er Alterungsprozessen und wie diese durch biofunktionelle Nahrungsbestandteile und potenzielle Wirkstoffe moduliert werden können. Hierbei sind Polyphenole und deren Metabolite, die auch in unserem Darm entstehen, von großem Interesse. Dabei stehen die Mitochondrien, die Kraftwerke der Zellen, im Fokus.

IMPRESSUM

© 2023 GRÄFE UND UNZER
VERLAG GmbH, Postfach 860366, 81630 München

Gräfe und Unzer ist eine eingetragene Marke der GRÄFE UND UNZER VERLAG GmbH, www.gu.de

ISBN 978-3-8338-8942-4
1. Auflage 2023

Projektleitung: Eva Dotterweich, Ariane Hug
Rezepte: Stephan Hentschel
Texte: Nina Ruge, Gunter Eckert
Lektorat: Sylvie Hinderberger
Korrektorat: Karla Seedorf
Bildredaktion: Nele Schneidewind
Umschlaggestaltung: Ki36 Editorial Design, München, Bettina Stickel
Layout: independent Medien-Design, Horst Moser, München
Herstellung: Petra Roth
Satz: Christopher Hammond
Repro: Longo AG, Bozen
Druck: Firmengruppe APPL, aprinta druck, Wemding
Bindung: Conzella, Pfarrkirchen

GRÄFE UND UNZER

Ein Unternehmen der
GANSKE VERLAGSGRUPPE

Umwelthinweis:
Nachhaltigkeit ist uns sehr wichtig. Der Rohstoff Papier ist in der Buchproduktion hierfür von entscheidender Bedeutung. Daher ist dieses Buch auf PEFC-zertifiziertem Papier gedruckt. PEFC garantiert, dass ökologische, soziale und ökonomische Aspekte in der Verarbeitungskette unabhängig überwacht werden und lückenlos nachvollziehbar sind.

Die GU-Homepage finden Sie unter www.gu.de

Bildnachweis:
Cover: Getty Images, Freepik;
Rezeptfotos Claudia Timmann (https://www.claudiatimmann.de/): S. 2–181;
Foodstyling: Pedro Torres;
Weitere Bilder: Jochen Arndt: S. 11, 190_2;
Getty Images: S. 23, 26, 37; Christoph Klotter (privat): S. 18; Hannes Magerstädt (privat): 190_1;
Gunter Eckert (privat): S. 190_3

Syndication: www.seasons.agency